SEL 교육과 함께하는 즐거운 학교생활 가이드

우리 아이
행복한 초등생활
만들기

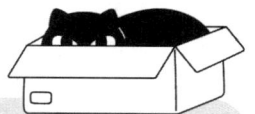

안녕하세요 학부모님들. 학부모가 되신 것을 진심으로 축하드립니다.

그렇게 작았던 나의 아이가 이제 학교에 간다는 사실이 믿기지 않고 놀라운 부모님들도 계실 겁니다. 아이들은 태어나는 그 순간 효도를 다한 것이라는 말이 있을 정도로 우리에게 큰 기쁨을 주는 존재입니다. 우리 아이가 건강하고 행복하게 자라나기 위해서 어떤 것들이 필요하고, 학교는 어떤 일을 해주는 곳일까요? 이제 입학하는 우리 아이를 위해 이 책을 손에 드신 분들도 계실 테고, 이미 입학하였지만 학교라는 공간이 여전히 어렵게 다가와 좀 더 이해하고자 하는 마음에 이 책을 보시는 부모님들도 계실 듯합니다. '요즘 학교는 옛날 학교랑 달라!' 많이 들으시는 말이지요? 하지만 얼마나 달라졌는지, 어떤 것들이 달라졌는지는 직접 다녀 보지 않으니 다소 막연하게 다가올 것 같습니다. 사회가 변화하며 학교도 그에 맞는 인재를 양성하기 위해 여러 가지 옷을 갈아입는 듯합니다. 예전에는 학습 중심적인 측면들이 강했다면 요즘에는 개인의 행복, 개성을 개발하고 강화해 나가는 모습이 보입니다. 하지만 변하지 않는 것도 있습니다. 그건 바로 학교가 학생들과 함께 미래를 가꾸어 나가는 공간이라는 것입니다.

이 책에서는 변하지 않는 학교의 가치를 찾으며 우리 아이의 학교생활 모습, 학교에서 아이가 겪을 수 있는 학습, 정서, 교우관계적 측면에서의 다양한 어려움들에 대해 살펴보고자 합니다. 어떻게 하면 아이들의 학교경험을 좋은 기억으로 만들어 줄 수 있을까, 이 질문은 교직생활을 하며 가장 많이 가졌던 질문입니다. 하지만 아이들이 학교에서 행복한 일만 겪어야 한다는 것은 아닙니다. 놀라운 말일 수 있겠으나 성장에는 실패와 고통이 동반됩니다. 무조건 행복하기만 한 것은 학교생활에서 고민하거나 어려워해야 할 부분들을 제대로 생각하거나 인식하지 못하고 있다는 의미이기도 합니다.

저는 학교를 아이들이 자신에 대해 이해하고 사회화해 나가는 과정을 배우며, 나아가 자신의 미래를 책임지고 준비하는 것을 배우는 일종의 실험 환경이라고 가정합니다. 그 실험 환경 속에서 아이들에게 필요한 것은 감정을 조절하고 주변과 올바르게 관계 맺으며 자신을 지켜 나가는 것입니다. 우리는 상황에 따라서 때로는 긍정적인 감정을, 때로는 부정적인 감정을 느끼는 학교생활을 하게 됩니다. 모두가 힘들어야 할 상황에서 매번 혼자만 행복한 것도, 모두가 행복한 상황에서 매번 나만 힘든 것도 좋지 않다고 봅니다. 우리에게 정말 필요한 것은 필요할 때 나를 안전하게 지키며 적절하게 반응하는 방법과 그 과정에서 즐거움을 느끼는 법을 배우는 것이라고 생각합니다. 그리고 저는 그에 대한 중요한 부분을 SEL 교육을 통해 배울 수 있다고 생각합니다. 이 책에서는 SEL 교육과 함께 아이들의 즐거운 학교생활을 위해 필요하다고 생각한 것들을 정리해 보았습니다. 100명의 아이들이 있다면 100개의 우주, 100개의 교실이 있는 것과 같다고 합니다. 모든 사람은 다른 장점을 가지고 있고 그로 인해 다른 장점을 가진 부모로 존재할 수 있습니다. 한 가지 정도(正道)란 없기에 각 가정마다 저마다의 방법이 존재하지요. 그럼에도 불구하고 저는 이 책에 교사로서 생활하며 아이들에게 정말 필요하다고 느꼈던 것들, 저에게 큰 느낌표를 주었던 깨달음을 바탕으로 아이들이 학교에서 무엇을 배우면 좋을지, 학교에서의 어려움에 부모님이 무엇을 할 수 있을지에 대한 이야기들을 고민하여 글로 담았습니다. 모든 아이들이 가지고 있는 성향은 다르고, 성향에 따라 개입 방법이 많이 달라지므로 이 책에 적힌 내용보다는 부모님들이 애정을 갖고 눈으로 직접 본 것들이 더 맞다고 생각합니다. 따라서 이 책에 나와 있는 것을 그대로 하시지 않아도 됩니다. 다만 책을 읽으며 느꼈던 방법론적인 부분들을 학습하여 '어떻게 해야 할까'라는 근원적인 질문에 대답을 찾는 데 작은 도움이 되었으면 합니다. 새로운 주제가 나올 때마다 질문거리를 준비해 두었습니다. 이 질문거리에 직접 마주하며 각자의 답을 찾아보는 것이 제가 가장 바라는 것입니다.

이 책을 보시는 많은 분들이 이를 바탕으로 자신의 고유한 장점을 담은 새로운 방법들을 찾아보시길 바랍니다.

이 책을 읽으시는 부모님, 선생님, 여러 학생들에게 관심을 가지고 애써 주시는 분들께서 꼭 기억해 주셔야 할 점은 아이들을 이해하기 위해 노력하는 여러분의 존재 자체가 아이들에게는 가장 큰 행운이라는 것입니다. 여러분들이 바로 우리 아이들의 안전기지입니다. 실패해도 돌아올 수 있는 안전함을 온전히 느낄 수 있는 공간입니다. 살다 보면 생각보다 나의 안전기지가 되어줄 수 있는 사람들이 많지 않습니다. 그 누구도 당신을 대체할 수 없습니다. 세상 사람들 모두가 나를 비난해도 이 사람들만큼은 나를 지켜 주고 사랑해줄 것이라는 확신이 있어야 아이들은 도전하고 모험을 떠날 수 있습니다. 아이들이 각자의 힘으로 멀리 떠날 수 있도록 그 자리를 지켜 주세요.

우리 아이들을 생각하는 여러분의 간절하고 따뜻한 마음이 아이들에게 온전히 잘 전달되기를 함께 소망하겠습니다.

이수민

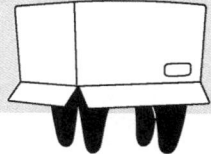

차례

제3장

우리 자녀의 기질 · 성격과 함께 학교생활 살펴보기

제4장

학습태도

차례

초등학교의 목표와
마음을 여는
사회정서학습

초등학교생활에서 배워야 할 중요한 것들

　가끔 초등학교는 중요하지 않다고 생각하시는 분들도 있습니다.
'어차피 아이들은 초등학생 때 어땠는지 기억하지도 못해.', '초등학교 생활기록부를 보는 사람이 있어? 에이, 그냥 마음대로 하게 두다가 중학교 가서 공부만 열심히 하면 되지 뭐!'

　혹시 이렇게 생각하고 계시지는 않았나요? 이렇게까지는 아니더라도 초등교육이 중등교육보다 덜 중요하다고 생각하시는 분들은 상당히 계실 것으로 보입니다. 하지만 초등학교는 우리가 처음으로 학교를 만나는 순간입니다. 살아가면서 마주하는 모든 것들의 첫인상이 중요한 것처럼 초등학교는 학교에 대한 첫인상을 가지게 되는 곳입니다. 초등학교에서 만들어진 기억들은 자연스럽게 앞으로의 학교생활에도 영향을 줍니다. 초등학교 6년, 중학교 3년, 고등학교 3년 중 6년. 결코 짧은 기간이 아니지요? 또한 초등학교는 한 명의 담임선생님이 전체 교과를 가르치며 교실에서 친구들과 온전히 소통하는 유일한 기간이기도 합니다. 이 소중한 시간을 우리 아이는 어떻게 보내면 좋을까요?

본격적으로 학교생활에 대해서 탐색하기 전 나의 학교생활을 먼저 생각해 봅시다. 나의 학교생활을 떠올려 보는 것은 우리 아이들이 어떤 학교생활을 하길 바라는지를 알려 주는 좋은 길잡이이기 때문입니다. 여러분들은 어떤 학창시절을 보내셨나요? 특히 우리 아이의 나이대에 어떤 학교생활을 했는지 떠올려 봅시다. 시간이 지난 만큼 기억이 잘 나지 않으실 수도 있겠습니다만 충분한 시간을 통해 좋은 기억, 나쁜 기억을 차근히 떠올려 보면서 우리 아이는 어떤 학교생활을 하면 좋을지 잠시 생각해 보시면 좋겠습니다. 그런 다음 학교에서 어떤 일이 우리 아이에게 일어나면 좋을지 구체적으로 적어 보세요.

<학창시절 내 기억에 남는 일>

❀ 선생님이 머리를 쓰다듬어 주셨던 일, 학교 마치고 친구들과 모여서 철봉에서 놀았던 일, 좋아하는 동아리 활동을 하며 상을 받았던 일…

1. _____

2. _____

3. _____

<우리 ○○이에게 학교에서 일어났으면 좋겠는 일>

❀ 반장선거에 당선되는 일, 친구들과 재미있게 동아리 활동을 하는 일, 정말 친한 단짝 친구가 생기는 일…

1. _____

2. _____

3. _____

우리 아이가 어떤 학교생활을 하길 바라시나요? 제가 주로 들었던 답변은 다음과 같았습니다.

"학교생활이 즐겁다고 했으면 좋겠어요."
"자신감이 넘쳤으면 좋겠어요."
"친구들과 재미있게 지냈다고 했으면 좋겠어요."

여러 가지 이야기를 들었지만, 요약해서 살펴보면 만족감을 느끼는 학교생활을 하는 것에 관련된 이야기들이었고, 우리 아이가 행복한 학교생활을 하길 바라는 마음이었습니다. 그리고 나아가 행복한 삶을 살길 바라는 마음이 담겨 있다고 생각합니다. 행복한 아이로 자랄 수 있도록 필요한 역량을 학습하는 것이 초등학교생활의 핵심입니다. 그렇다면 행복한 삶을 살기 위해서는 학교에서 무엇을 해야 할까요? 가장 쉽게 떠오르는 것은 공부일 겁니다. 공부를 잘하면 수능이라는 입시 제도가 크게 작용하고 있는 사회에서 많은 문제를 해결할 수 있을 것 같기도 합니다. 하지만 공부를 열심히 해서 무엇을 하는 사람이 되어 어떤 일을 하고 싶다는 것은 목표가 될 수 있지만 공부를 잘하는 삶을 사는 것은 목표가 될 수 없습니다. '행복'이라는 단어가 빠진, 단순히 공부를 잘하는 어린이로는 부족합니다. 이룬 것은 많지만 '나'는 정작 존재하지 않아 허무하거나 공허감이 들기 때문입니다. 또한 아이가 도움을 받는다면 개선될 수 있는 문제임에도 불구하고 공부를 잘하는 행위를 통해 그 문제에 직면하지 않으려고 할 때도 있는데 그것은 장기적으로 보았을 때 지혜로운 방법이 아닙니다. 예를 들어 친구들과 함께 지내는 것이 어려운 친구가 있다고 해볼까요? 특히 감정조절이 잘되지 않아 화가 나면 친구들에게 손이 먼저 나갑니다. 하지만 공부를 잘하니 짜증을 내든 화를 내든 주변에 단짝은 없더라도 문제 없는 학교생활을 할 수 있습니다. 결국 공부를 잘하면 문제가 해결되는 것처럼 느껴지니 '그래, 공부만 열심히 하면 애들한테도 인정받고 괜찮지 않나?'라는 생각이 들 수도 있겠습니다.

하지만 이는 직간접적으로 아이에게 공부를 잘하면 이렇게 행동해도 된다는 인식을 심어 주는 것이고, 그릇된 인식을 가지게 된 아이는 성인이 되어서도 그렇게 행동할 확률이 높습니다. 그때에는 공부를 잘하는 것으로는 해결이 안 될 가능성이 큽니다. 강점을 통해 아이의 단점을 극복하는 것은 훌륭한 자세이나 이것은 극복하는 것이 아닌 회피에 가깝습니다. 공부를 잘하는 것이 내 아이를 영원히 지켜 주는 방패가 될 수 없으며, 행복한 삶을 사는 데 도움을 줄 수 있지만 문제를 해결해 주지는 못합니다. 굳이 돌아갈 필요가 없습니다. 문제가 있다면 그것을 개선하기 위해 노력하는 것이 가장 바람직합니다.

그렇다면 초등생활에서 배워야 하는 가장 중요한 것은 무엇일까요? 여러 가지 중요한 것이 많겠지만 초등학생 때 딱 한 가지 역량을 강화해야 한다면 **사회정서역량**이라고 생각합니다. 국가기초학력지원센터에서는 사회정서역량을 '개인의 삶을 성공적으로 살기 위해 필요한 역량으로 감정을 조절하고, 다른 사람들과 좋은 관계를 유지하며, 공동체 구성원으로서 책임감 있게 행동하는 데 필요한 역량'으로 봅니다. 이를 위해서는 자신에 대한 긍정적인 자기인식, 효과적인 감정과 행동 관리, 타인의 감정과 욕구를 이해하며 사회의 규칙을 지키는 자세, 건강한 관계를 형성하고 협력할 수 있는 능력, 윤리와 공동체를 고려한 의사결정을 하는 하위 능력들이 필요합니다. 이러한 능력들은 나를 이해하고 나의 행동과 감정을 조절할 수 있으며 타인과 건강한 관계를 맺을 수 있게 도와줍니다. 다양한 기술들의 발달로 우리는 서로를 손쉽게 관찰하고 연결할 수 있게 되었지만 그만큼 더 쉽게 서로를 비교할 수 있게 되었습니다. 가져도 행복하지 못한 세상, 내가 얼마나 소중한 존재인지에 대한 기준이 내가 아닌 타인이 되어 가는 세상에서 어떻게 하면 중심을 잡을 수 있을지를 알려 주어야 합니다.

학교에서 이러한 능력들을 배우는 것에 대한 요구들은 점점 커지고 있습니다. 미국에서는 2011년 미국 교육법을 개정하며 ASELA이라는 법안을 만들었습니다. 이는 '학업(Academic), 사회(Social), 감성(Emontional) 능력 함양을 위한 학습법(Learning Act)'으로 학교를 단순히 공부하고 지식을 습득하는 곳이 아닌 아이들이 잘 살아가는 방법을 가르치는 곳으로 만들겠다는 의미를 담고 있습니다. 실질적으로 이를 위해 SEL(Social and Emotional Learning)이라는 교육을 만들어 유·초·중등에서의 교육을 적극적으로 지원하고 있으며 유치원 때부터 시작하며 아이들의 감정조절능력과 사회적 기술들을 향상시킬 수 있도록 합니다. 미국뿐만 아니라 또 다른 교육 선진국인 캐나다, 영국, 싱가포르 등에서도 SEL 교육은 이루어지고 있습니다. OECD에서는 2021년 Beyond Academic Learning(학문적 배움을 넘어서)이라는 보고서를 발간하며 모든 나라들이 사회정서역량을 강화하기 위해 교육 정책에 지원 방안을 마련해야 한다고 권고하기도 했습니다. 덧붙여 글로벌화와 디지털화가 사람들과 대륙을 연결하고 있지만 그만큼 세상을 더 불안정하고 복잡하게 만들었으며 이런 환경 속에서 교육은 단순히 지식을 전달하는 것에서 벗어나 세상을 항해할 수 있는 신뢰할 만한 나침반과 도구를 개발할 수 있도록 돕는 방향으로 바뀌어야 한다고 했습니다. 그리고 그 방향에서 그들이 핵심적으로 제시한 것이 사회정서역량입니다. 매분 매초 달라지는 세상에서 아이들에게 스스로 항해를 떠날 수 있는 나침반과 도구를 만들 수 있는 힘을 준다면 무엇이든 할 수 있을 것이라는 믿음이 아닐까 합니다. 다른 나라의 교육 방향성을 무조건적으로 따라갈 필요는 없지만 아동·청소년의 정신건강 이슈가 전 세계적으로도 적신호를 띠고 있고 OECD 국가에서 자살률이 1위라는 뉴스를 매년 접하는 한국에서 필요한 교육으로 여겨집니다. 초등학생 때부터 행복할 수 있도록 도와주는 역량들을 함양시킨다면 더 행복하고 건강한 성인으로 자라나는 데 밑거름이 되어 줄 것입니다.

한국에서도 몇몇 학교에서 이러한 수업을 운영하고 있기도 합니다만 아직 이러한 종류의 교육이 학교에서 진행되지 않는 곳이 많고, 학교에서 아이들에게 행복하게 사는 방법을 가르쳐야 한다는 개념 자체가 낯설게 느껴지는 것이 현재 상황인 것 같습니다. 사회정서역량은 이론적으로 배우는 것이 아닌 경험하고 느끼는 것이 중요합니다. 그러기 위해서는 학교의 상황에서 친구들과 어떻게 갈등을 해결하는지, 나는 어떤 상황에서 어떤 기분을 느끼는지, 나는 어려움이 닥쳤을 때 어떻게 해결하는지, 내가 좋아하는 것은 무엇인지 학교생활을 하며 하나씩 찾아 나가야 합니다. 학교는 다양한 사람들을 만나며 내가 행복한 삶을 살기 위해 연구를 해볼 수 있는 실험실입니다. 사회정서역량은 빨리 가기 위해서가 아닌 멀리 가기 위해서 필요한 역량입니다. 저는 이를 마음의 시력이라고 부르기도 합니다. 사회정서역량을 통해서 우리 아이들은 남들과 소통하고 이어지며 더 다채로운 세상을 볼 수 있게 됩니다. 같은 세상이라도 어떤 세상을 볼 수 있느냐는 다릅니다. 빨간 선글라스를 낀 사람은 빨간 세상을, 파란 선글라스를 낀 사람은 파란 세상을 살아갑니다. 사회정서역량이라는 선글라스를 낀 우리 아이들은 어떤 세상을 살아가게 될까요? 그 세상은 내가 힘들 때 도움을 요청할 수 있고 남들과 함께 성장하는 분명 따뜻하고 풍족한 세상일 것입니다.

초등학교는 행복한 사람이 되는 방법을 배우는 곳

　실제로 학교생활 속에서 사회정서역량을 어떻게 기를 수 있을까요? 이번에는 사회정서역량에 대해서 조금 더 깊이 살펴보도록 하겠습니다. 앞서 살펴보았던 사회정서역량의 핵심적인 키워드인 '감정조절', '타인과의 좋은 관계유지', '책임감 있는 행동'을 다시 떠올려 보세요. SEL(Social and Emotional Learning) 교육에서는 이 세 가지 키워드의 역량을 기르기 위해 다섯 가지 능력들을 강화해야 한다고 하였습니다. 바로 (1) 자기인식, (2) 자기관리, (3) 관계기술, (4) 사회적 인식, (5) 책임감 있는 의사결정입니다.

자기인식(Self-Awareness)은 자신의 감정과 생각 등을 있는 그대로 알아차리고 이해하는 능력을 말합니다. 지금 내 안에 있는 생각들, 내가 지금 느끼는 감정, 생각들을 아는 것 또한 포함합니다. 예를 들어, '나는 사람들이 많은 장소에서 긴장되고 불편감을 느끼는구나.', '지금 화가 나서 말이 거칠게 나오고 있네.', '시험 결과가 좋지 않아 속상한 상태이구나.'처럼 자신에게 일어나는 감정과 상태를 알아차리는 것이 바로 자기인식입니다. 자기인식이 부족하면 자신의 감정이나 생각을 조절하거나 다스리는 일(자기관리) 또한 어려워집니다. 자신의 감정을 인식하지 못한 채 행동하게 되면 스스로도 왜 그런 행동을 했는지 잘 이해하지 못하지요. 학생들을 만날 때 살펴보면 자신이 왜 이런 감정을 느끼는지, 어떤 생각을 하고 있었는지를 잘 인식하지 못하는 경우가 있습니다. 상담실에서 감정이나 생각에 대해서 묻는 질문에도 "모르겠어요."라는 대답을 종종 듣고는 합니다. "가령 이런 마음이었을 수 있을 것 같아?" 또는 "선생님이라면 이런 생각이 들었을 것 같아. 넌 어때?"라는 예시 형태의 답변을 듣고서야 "이랬던 것 같아요."라고 대답을 하지요. 복잡한 상황들 속에서 자신이 어떤 감정을 느꼈는지, 어떤 생각을 했는지를 명확히 인식하지 못하는 것입니다. '그냥'이라는 이유 없는 상태는 없습니다. 어떤 감정이든, 행동이든 그 배경에는 반드시 이유가 있습니다. 다만, 아이가 그 이유를 스스로 인식하지 못하고 있고 그것을 말로 표현하기 어려워하고 있기 때문에 "그냥이요.", "그냥 귀찮아요."와 같은 말을 되풀이하며 답변하는 것입니다. 이렇게 되면 감정을 조절할 기회도, 상황을 해결할 기회도 놓치게 됩니다. 자기인식은 자기관리로 이어지며 스스로의 감정과 행동을 조절하는 것에 중요한 역할을 합니다. 자기인식능력을 키우기 위해서는 스스로를 이해하는 과정이 필요합니다. 아이들이 자신에 대한 올바른 이해를 바탕으로 자기인식을 할 수 있도록 도와주어야 합니다.

자기관리(Self-Management)는 자신의 감정과 생각, 행동을 스스로 조절하고 통제하는 능력입니다. 예를 들어, 너무 화가 나서 감정적인 말이 나올 것 같은 상황, 물건을 던지거나 파괴적인 행동을 하고 싶은 충동이 올라올 때 이를 인식하고 감정을 조절하기 위해 잠시 자리를 피해 혼자 산책을 하며 마음을 가라앉힌 후 다시 대화를 시도하는 것, 이런 행동이 자기관리 중 하나입니다. 시험을 잘 보지 못하여 속상할 때 그 감정을 털어내기 위해 스스로 좋아하는 활동을 계획하고 실행하는 것도 자기관리의 일환입니다. 자기관리는 현재에 대한 단기적인 감정조절뿐만 아니라 장기적인 미래의 목표를 위해 인내하며 꾸준히 노력하는 태도까지 포함합니다. 예컨대, 원하는 목표를 이루기 위해 긴 시간 동안 끈기 있게 자신을 조절하는 것도 자기관리의 중요한 모습입니다.

관계기술(Relationship Skills)은 개인 또는 집단에서 구성원들과 긍정적이고 건강한 관계를 형성하고 유지하는 능력입니다. 이를 위해 경청하는 방법, 자신의 의견을 적절히 표현하는 방법, 협력하는 태도, 갈등을 해결하는 기술 등 다양한 소통 및 대인관계 기술을 익히는 과정이 필요합니다. 처음부터 관계기술에 유리한 성격을 타고나는 사람들도 있지만 많은 경우 훈련과 연습을 통해 형성하게 됩니다. 좋은 관계를 맺는 방식은 우리 모두가 동의하고 알고 있는 보편적인 원칙도 있지만, 세부적으로 살펴보면 사람마다 성격과 의사소통 방식이 다르기 때문에 정해진 '정답'이 없는 경우가 많습니다. 예를 들어, 어떤 사람은 잘 들어 주는 특기를 가져 경청을 잘하는 사람, 어떤 사람은 솔직하고 적극적으로 소통하는 특기를 가져 의견 정리를 잘하는 사람 등 자신이 가진 유리한 부분에 따라 자신만의 강점을 살린 관계기술을 찾을 필요가 있습니다. 우리 아이들 또한 마찬가지입니다. 한국처럼 집단의 조화를 강조하는 문화권에서는 갈등을 일으키지 않는 것을 중요시하며 암묵적으로 갈등을 피하려고 합니다. 자연스럽게 아이들에게 "내가 가능한 한 참는 것이 좋다.", "갈등은 피하는 것이 제일 좋다.", "좋은 게 좋은 거야."라는 관점을 교육하기도 합니다. 조화를 중시하는 것은 중요한 가치입니다. 하지만 자신이 어디까지 참을 것인지, 자신의 권리 또는 안전이 침해받았을 때는 어떻게 행동해야 하는지를 알려 주고 갈등이 무조건 나쁜 것이 아니라 문제를 해결해 나가는 과정임을 알려 주는 것이 중요합니다. 진정한 조화란, 자신의 감정과 권리를 충분히 존중받는 것이 전제되어야 합니다. 관계기술을 통해 아이들은 자신을 지키며 건강한 관계를 맺을 수 있습니다.

사회적 인식(Social Awareness)은 타인의 감정, 생각, 관점을 이해하고 그를 바탕으로 다른 사람의 입장에서 상황을 바라보는 능력입니다. 이 능력은 단순한 감정 이해를 넘어, 내가 아닌 타인에 대해서도 공감과 연민의 감정을 느끼고 사회적 맥락에 맞게 행동할 수 있도록 돕습니다. 타인의 감정을 인식하고 상황적 맥락을 파악하여 상황에 맞게 움직일 수 있도록 만들어 주는 게 이 능력이지요. 예를 들어, 친구가 속상해하는 것을 눈치 채고 나의 말이나 행동을 조심하는 것, 상대방이 갑자기 화를 낼 때 상대방의 입장에서 상황을 다시 생각해 보며 나의 말과 행동을 점검해 보는 태도가 포함됩니다. 사회적 인식은 이런 개인적 상황뿐만 아니라 우리 사회의 규범과 규칙을 이해하고 인식하는 거시적인 것들 또한 포함이 됩니다. 하지만 자신에 대한 존중이 충분하지 않은 상태에서 사회적 인식만 잘 기능하는 경우, 나의 기분은 생각하지 않고 남의 기분에 따라 행동하거나 남들의 시선을 너무 신경 쓴 나머지 스트레스를 받게 될 수도 있어 균형을 잘 잡는 것이 필요합니다.

책임감 있는 의사결정(Responsible Decision-Making)은 상황에 맞는 바람직하고 건설적인 선택을 내리는 능력입니다. 단순히 결정을 내리는 것 자체보다 어떤 결정을 내리고 싶은지 스스로 결정을 하는 과정과 그 결과를 받아들이는 태도가 중요합니다. 스스로 의사결정을 내리고 책임을 지기 위해서는 자신의 생각과 감정을 인식하는 자기인식의 영역이 먼저 필요합니다. 또한 여러 가지 도덕적 문제들, 그리고 이 결정과 관련된 사람들과 현재의 상황들을 두루 살펴보며 종합적으로 고려하는 능력들도 필요하지요. 책임감 있는 의사결정은 저학년이나 초등학생에게는 기대하기 어려운 능력일 수도 있지만 점차 발달시켜 길러 나갈 수 있도록 도와주어야 할 중요한 역량입니다. 예를 들어, 아이들 사이에 갈등이 생겼을 때 어른이 먼저 나서서 해결하기보다는, 아이가 스스로 문제를 해결할 수 있는 기회를 주는 것이 좋습니다. 이때 어른은 아이의 생각이 명확해질 수 있도록 아이의 생각을 정리해 주거나 필요한 경우 조언을 하되, 결정은 아이가 내릴 수 있도록 돕는 역할을 수행합니다. 아이들은 어른들의 지혜를 문제 해결의 힌트로 활용하며 작은 결정이라도 스스로 반복적으로 하게 되면, 책임감 있는 의사결정능력은 점차 길러질 것입니다 의사결정능력은 한순간에 만들어지지 않습니다. 작은 것이라도 스스로 고민하고 결정을 내리는 습관이 만들어질 수 있도록 아이들에게 결정할 수 있는 기회를 자주 주어야 합니다.

　이처럼 자기인식, 자기관리, 관계기술, 사회적 인식, 책임감 있는 의사결정이라는 5가지 요소들이 서로 어우러져 있는 것을 사회정서역량이라고 부릅니다. 학교에서 배워야 하는 중요한 것이라는 표현을 사용했지만, 사회정서역량은 학교생활뿐만 아니라 가족, 친구, 사회 공동체 등 다양한 환경 속에서도 필요한 능력입니다. 우리가 살아가는 모든 환경 속에서 건강하고 즐겁게 살아갈 수 있도록 도와주는 힘입니다. 따라서 학교뿐만 아니라 타인이 존재하는 삶 속이라면 반드시 필요한 능력이라고 할 수 있겠습니다. 그렇다면 이 중요한 사회정서역량을 더욱 잘 기르기 위해, 우리는 아이들을 어떻게 도와줄 수 있을까요?

우리는 모두 다른 지능을 가지고 있다.

　우리가 가장 먼저 살펴보아야 하는 점은 바로 '나' 자신에 관한 것입니다. 지금 내가 어떤 생각과 감정을 가지고 있는지 잘 모른다면, 무언가를 판단하거나 결정하는 일도 어려워집니다. 왜냐하면 우리 모두는 '나'를 기준으로 세상을 보기 때문입니다. 세상을 바라보는 기준점은 결국 '나' 자신 이기에, 나에 대해서 더 잘 알고 있을수록 세상은 더 명확해지고 안정적으로 느껴집니다. 또한 나에 대한 이해는 타인과의 관계, 상호 작용에도 영향을 미칩니다. 스스로에 대한 이해가 있어야 비로소 다른 사람의 입장에서 생각해보며, 그 사람을 이해하려는 시도가 가능해지기 때문입니다. 자신의 감정을 인식할 수 있을 때에야 타인의 감정도 보이기 시작합니다. 우리의 모든 행동과 감정은 결국 '나'로부터 비롯됩니다. 나무가 뿌리를 제대로 깊이 내리지 못하면 바람에 쉽게 흔들리며 외부의 영향을 많이 받게 됩니다. 반면 뿌리가 튼튼한 나무는 생존에 불리한 환경에서도 꿋꿋이 살아남습니다. 주변에 거센 바람이 불어도 나의 중심이 잘 잡혀 있다면 큰 흔들림 없이 버틸 수 있습니다. 우리에게 이러한 단단한 뿌리의 역할을 하는 것이 사회정서역량 측면에서 '자기인식'과 '자기관리'입니다. 자신의 감정과 생각을 인식하고, 그것을 적절히 조절하며 표현하는 능력은 자신을 존중하고 받을 수 있는 자존감에도 큰 영향을 줍니다. 따라서 제대로 된 자기인식과 자기관리가 선행될 때, 비로소 나를 소중히 여기면서도 주변과 건강하게 살아갈 수 있는, 타인과 건강한 관계를 맺고 내 삶에 긍정적인 영향을 줄 수 있는 관계기술과 사회적 인식을 가질 수 있습니다. 자기인식과 자기관리는 겉으로는 잘 드러나지 않아 그 중요성이 간과되기 쉽지만, 자신에 대한 인식이 부족한 상태에서는 아무리 좋아 보이는 선택도 책임감 있는 결정이었다고 말하기 어렵습니다. 그래서 저는 자기인식과 자기관리가 사회정서역량의 기초이자, 무엇보다 먼저 길러야 할 핵심 역량이라고 생각합니다.

초등학생이 되어 단체생활을 시작하면 아이들은 다양한 평가를 경험하게 됩니다. 평가를 위한 과정을 겪고 평가의 결과물을 받는 경험을 하며 아이들은 자연스럽게 남과 나를 객관적으로 비교하는 시간들을 가지게 됩니다. 자신이 잘하는 것들과 그렇지 못한 것들이 수치화되어 눈앞에 구체적으로 드러납니다. 이는 나의 부족한 부분들을 겸허히 받아들이는 수용의 기회, 내가 어떤 부분에 강점을 가지고 있는지를 알아차리는 강점인식의 기회가 되기도 하지만, 뜻대로 되지 않는 결과 앞에서 아이들은 좌절을 경험하기도 합니다. 좋지 않은 결과가 계속해서 반복되면 "이건 똑똑한 아이들만 하는 거야.", "난 어차피 못해, 쟤네는 잘하니까 하는 거지.", "난 안 될 거야."와 같은 무기력한 모습이 담긴 반응을 보여 주기도 합니다. 이와 같은 무력함이 계속 쌓이게 되고 무기력한 기분이 지속된다면 아이들은 '학습된 무기력'을 배울 수도 있습니다. '학습된 무기력'은 반복적인 실패의 경험에 지속적으로 노출될 때 나타나는 심리적 상태로, 스스로 상황을 바꿀 수 없으며 나에게 변화의 힘이 없다고 믿게 되어 이후 변화의 기회가 찾아와도 시도조차 하지 않게 되는 상태를 말합니다. 이 개념은 심리학자 마틴 셀리그만(Martin Seligman)과 그의 동료 연구자에 의해 발견된 것으로, 그들은 원래 학습에 대해서 연구하고 있었습니다. 특히 그들이 관심 있던 주제는 "우리는 어떻게 행동을 학습하는가?"에 대한 것이었죠. 그러던 어느 날 동물들이 충분히 학습이 가능한 환경임에도 불구하고 학습하려는 시도조차 하지 않는 모습을 보게 되었습니다. "왜 아무런 시도를 하지 않는 것일까?"라는 의문을 갖고 그 이유를 찾기 시작한 것이 학습된 무기력이 발견된 계기였습니다. 그들은 연구를 통해, 여러 번 시도했음에도 상황이 바뀌지 않음을 학습한 동물들은 더 이상 무언가를 배우려고 시도하지 않는다는 사실을 발견했지요. 이후 그를 바탕으로 셀리그만과 동료들은 우리는 피할 수 없는 고통스러운 상황(트라우마틱한 경험)에 반복적으로 노출되면 그 상황이 무기력을 유발하여 고통에서 탈출하기 위해 노력하는 것을 멈추게 만들고, 결론적으로 고통스러운 상황에서 탈출하는 것을 실패하게 만든다는 것을 알게 되었습니다. 이 연구 결과의 핵심은, 한 번 결과를 스스로 통제할 수 없다고 느끼게 되면 이후 통제가 가능한 상황에서도 그것을 바꾸려는 시도조차 하지 않는, 무기력함이 유지된다는 것입니다. 일단 한번 "이건 아무것도 바꿀 수 없어."라는 믿음이 형성되면, 그 이후에는 더 이상 아무것도 하지 않으려고 한다는 것이죠. 참으로 무서운 이야기입니다. 이처럼 무기력한 반응은 우리가 일상에서 가끔은 마주하게 되는 모습이기도 합니다. 기회가 찾아왔는데 변화하지 않으려는 사람이 실제로 있을까 싶지만 저는 교육자로서 이러한 상황을 옆에서 많이 보았습니다. 아무리 좋은 기회라도, 스스로 그것을 '기회'라고 인식해야만 진짜 기회가 될 수 있기 때문입니다. 무기력에 빠진 아이들은 기회를 제대로 인식하지 못합니다. 오히려 그 기회를 또 다른 귀찮은 일이나 자신을 괴롭히거나 힘들게 만드는 것으로 생각하는 경우도 많습니다. 설령 그것을 기회로 인식하더라도, 쌓여 있는 무기력에 행동은 소극적일 수밖에 없습니다. 그렇게 미온적인 태도로 임하다가 끝에 좋지 않은 결과를 맞이하게 되면 "그럼 그렇지. 역시 안될 줄 알았어."라고 스스로 악순환적인 생각에 빠지며 더더욱 기회를 잡는 일을 멀리하게 되고, 결국 무기력함이 반복되는 악순환에 갇히게 됩니다. 자신에 대한 믿음을 잃은 아이들에게 다시 그 믿음을 심어 주는 일은 상당한 인내와 노력이 지속적으로 필요한 일입니다.

'이 아이에게 아주 작은 성공 경험이 하나라도 생긴다면 정말 큰 도움이 될 텐데….'

이런 생각이 드는 순간이 참 많았습니다. '어떻게든 계기를 만들어줄 수는 없을까?' 하는 마음에 여러 가지 시도도 해보았습니다. 그러나 그 과정에서 느낀 것은, 이미 무력감을 느끼는 아이들에게 단 하나의 성공을 경험하도록 도와주는 것도 결코 쉽지 않다는 점이었습니다(쉽지 않을 뿐 절대 불가능한 것은 아닙니다). 성공을 위해서는 수많은 실패의 과정들을 하나씩 거쳐야 합니다. 그렇다면, 어떻게 하면 수많은 실패의 과정 속에서 뜻대로 되지 않는 결과들, 그리고 좌절감에도 포기하지 않고 아이들이 계속 앞으로 나아가게 도와줄 수 있을까요? 이것은 아이들을 길러 내는 역할을 하는 우리가 반드시 고민해야 할 질문입니다. 저는 이 과정에서, 아이들과 아이들의 행복을 바라는 우리가 믿어야 하는 것은, "우리는 모두 다른 지능을 가지고 있다."는 사실이라는 생각이 들었습니다. 우리는 아이들을 누군가와 비교하는 것을 가능한 한 지양해야 합니다. 누군가와 비교하는 것은 '나'처럼 살라는 것이 아니라 '그 사람'처럼 살라는 것으로 들리기 때문입니다. 이는 앞으로의 삶의 방향성, 어려움을 대하는 자세에 영향을 줍니다. 예를 들어, 점수를 자주 비교 당하는 경험을 한 학생이 과제를 선택할 때, 나의 성장을 이끌어 줄 수 있는 과제와 높은 점수를 보장해 줄 수 있는 과제 중 어떤 것을 선택할 것이라고 생각하시나요? 많은 대학생들이 듣고 싶은 수업을 선택하는 기준 중 하나가 A가 잘 나오는, 학점이 후한 수업인 것은 전혀 놀랍지 않습니다. 경쟁과 비교를 하는 문화에서는 어느 누구나 비교에 유리한 선택을 하게 되지요. 간혹 충격요법으로 아이들을 자극하기 위해 어느 정도 비교하는 것은 필요하다고 생각하실 수도 있지만 장기적인 관점에서 이는 아이들에게 해로울 수 있습니다. 아이의 객관적인 상태를 알고 싶을 때와 같이 몇몇 상황에서 유용하게 사용할 수도 있지만 이 또한 아이가 직접 들어야 하는 말은 아니지요. 아이들을 자극하고 싶을 때 우리가 선택할 수 있는 방법은 비교 말고도 분명히 더 많이 있을 것입니다. 또 비교는 주변을 동료가 아닌 적으로 만들어 내기도 합니다. 멀리 가기보다는 빨리 가고 싶게 만듭니다. 결국 비교에는 끝이 없기에, 끝에는 지쳐서 아무것도 하지 못하는 상태, 하지 않으려는 상태에 이르게 만듭니다. 사방이 나를 호시탐탐 노리는 듯한, 위협하는 사람들로 둘러싸여 있다고 느낀다면 마음이 안정적일 수 없습니다. "그럼 누구라고 명시하지 않고 그냥 이야기를 하는 것은 어떠할까?"라는 생각이 드실 수도 있겠습니다. 개인적인 생각이지만 뚜렷한 대상이 없는 비교도 가능한 한 하지 않는 것이 좋다고 생각합니다. 비교 대상이 있든 없든 아이들이 '나는 다른 사람보다 부족한 것 같아.'라는 기분을 느끼지 않도록 말하고 행동하는 것이 맞다고 생각하기 때문입니다. 아이들을 양육하는 우리들이 아이들의 부족한 점을 발견했을 때, 아이들이 더 발전할 수 있도록 그것을 알려 주는 것도 중요합니다. 하지만 부족한 것에 집중하기보다는 계속해서 스스로 발전하며 더 멋진 자신의 모습에 다가가려는 아이들의 노력과 성장에 주목해야 하고, 아이들이 자신에 대해서 그렇게 느낄 수 있도록 도와주는 것도 잊지 말아야 합니다. 아이들은 자신의 고유한 특성과 그 안에 있는 뛰어남을 믿고, 그 과정을 통해 자신만의 중심을 찾아 나가야 합니다.

"공부는 엉덩이 힘이다."라는 말, 어딘가에서 들어 보신 적 있으시지요? 공부에서 가장 중요한 것은 집중력과 인내심이라는 의미로, 저도 학창시절에 이 말을 들었던 것 같습니다. 공부에는 빠른 길이 없으니 열심히 노력하라는 의미에서 선생님과 부모님께서 많이 이야기해 주셨죠. 나름대로 일리 있는 말이라고 생각합니다. 하지만 "그래, 엉덩이 힘 중요하지. 하지만 무조건 엉덩이 힘으로 해결되지는 않을 거야."라는 생각이 드는 것도 사실입니다. 무조건 오래 앉아 있는 것이 능사는 아닙니다. 공부를 하는 방법에서도 사실은 아이들마다 각기 다른 유리한 방법이 있기 때문입니다. 아이들마다 잘 맞는 공부 방식은 다르고, 그에 따라 공부의 깊이도 달라질 수 있습니다. 엉덩이 힘과 같이 의자에 장시간 앉아 있는 것 또한 당연히 필요한 부분이지만 그와 더불어서 공부의 깊이를 더해줄 수 있는 효과적인 방법들이 존재하는 것도 사실이지요. 때로는 어떤 방법을 선택했느냐에 따라 엉덩이 힘을 능가하기도 할 것입니다. "왜 하필 서로 다른 공부 방법을 가지고 있어서 힘들어지는 것일까!" 하는 원망스러운 생각도 잠시 들지만, 사람들마다 유리한 공부 방법이 다른 이유는 각자 강점을 가지는 감각 영역과

취약점이 다르기 때문입니다. 아이들이 학습할 때 아이들의 머릿속에서는 사실 매우 복잡한 일들이 일어나고 있습니다. 이렇게 복잡한 과정을 통해 뇌에 입력된 정보는 한 번 입력되었다고 해서 영원히 기억되지 않습니다. 아무리 열심히 외워도 돌아서면 잊어버리는 경험이 다들 있으실 겁니다. "이렇게 외워도 안 된다니, 혹시 밑 빠진 독에 물 붓기 아니야?" 싶기도 할 것입니다. 그런데 사실, 우리는 누구나 모두 망각을 합니다. 심지어 망각이 인간이 가진 축복 중 하나라는 이야기가 있을 정도이지요. 우리가 그렇게 공부를 해도 자꾸 잊어버리는, 망각의 이유 중 하나는 우리의 기억이 기본적으로 단기 저장되는 특성을 가지고 있기 때문입니다. 단기 기억은 잊어버릴 수 있습니다. 더 오랫동안 기억하기 위해서, 장기 기억으로 전환되기 위해서는 단기 기억을 장기 기억으로 바꾸는 작업을 거쳐야 합니다. 그러기 위해서는 반복해서 다시 학습하고 기억을 하려 노력하는 과정이 필요하지요. 우리의 뇌는 새로운 정보를 배우기도 하지만 기존의 정보를 잊어버리기도 합니다. 오랫동안 뇌에 기억시키기 위해서는 우리 뇌가 '이 정보는 중요하다'고 판단할 수 있어야 하고 우리는 이를 위해 유용한 정보라는 단서를 잘 남겨 두어야 합니다. 이때 중요한 역할을 하는 것이 바로 감각입니다. 아이들은 공부할 때 다양한 감각을 통해 정보를 받아들이고, 그 감각이 기억에 영향을 줍니다.

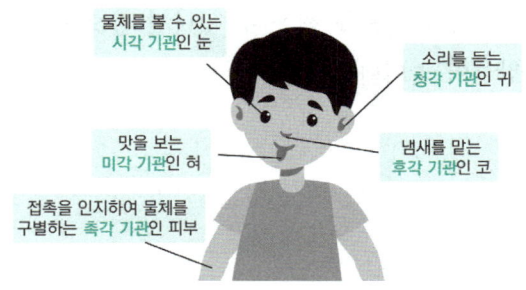

사람의 정보처리에 영향을 주는 감각 기관

시각적인 감각에 강점이 있는 아이들은 시각적인 요소의 학습자료를 받았을 때 훨씬 기억에 잘 남아 학습에 유리합니다. 그래서 어떤 아이들은 정보를 한곳에 모으는 단권화를 통해 하나의 책에 요약정리를 하거나 그림이나 도표를 활용해 암기를 할 때 더 오랫동안 기억에 남습니다. 시험 직전에 봤던 자료들이 유독 기억에 잘 남아 시험에 큰 영향을 주는 친구들이 여기에 해당합니다. 반면에 청각적 요소에 쉽게 자극받는 아이들은 어디선가 귀로 들었던 또는 내가 입으로 이야기를 했던 자료들이 기억에 오래 남습니다. 그래서 선생님께 설명을 들었다거나 친구에게 모르는 문제를 설명해줬을 때 했던 말 등이 기억에 오래 남습니다. 혼자 공부를 하더라도 소리를 입 밖으로 내어 암기할 때 유독 집중이 잘되는 경험을 하며, 시험 중에 "아, 그래! 그때 선생님이 이렇게 말씀하셨었지!", "나 이때 이 내용을 들었던 것 같은데?" 하며 번뜩이듯 깨달음의 순간이 찾아와 기억이 나는 경우도 있지요. 우연이라고 생각하기 쉽지만 사실 나에게 기억에 잘 남는 유리한 감각 기관이 힌트가 되어 도움을 준 것입니다. 청각적 자극에 유리한 학생에게 조용히 책만 보고 공부하라고 한다면 공부의 효율이 크게 떨어지겠지요. 마찬가지로 시각적 자극이 유리한 학생에게 하루 종일 누군가의 설명을 들으면서 공부하라고 한다면 공부 효율이 크게 떨어질 것입니다. 이 두 학생에게 유리한 학습 방법은 다릅니다. 따라서 각자에게 맞는 방법을 찾을 수 있음을 믿고 그 방법을 찾기 위해 노력하는 것을 권장합니다. 특히 초등학생 때 여러 가지 시도를 해볼 수 있다면 앞으로 더 능숙하게 활용할 수 있는 시간들이 늘어나겠지요.

사람마다 가지는 강점이 다를 수 있다는 것을 믿은 사람이 또 한 명 있었습니다. 교육학자이자 심리학자로 하버드 대학교에서 교육심리 교수로 재직하고 있는 하워드 가드너(Howard Gardner)입니다. 가드너는 '다중지능'이라는 개념을 만들어 지능은 하나로 정해진 천편일률적인 것이 아니라 서로 다양한 형태로 존재하고 있으며 종합적으로 살펴볼 수 있다고 하였습니다. 사실 다중지능이 가지고 있는 의미 자체는 우리에게 낯선 것이 아닙니다. 기존에 IQ(지능 지수), EQ(감성 지수), CQ(카리스마 지수)를 떠올려 보면 더 친숙하게 느껴지지요. 우리는 뛰어난 아이에 대해 이야기를 할 때 흔히 'IQ가 높은 아이'를 떠올립니다. 예를 들어, 수학경시대회에서 수상을 했거나 영재 교육원 출신 등의 아이들이 생각나지요. 하지만 사실은 IQ뿐만 아니라 다른 사람을 더 잘 이해하는 능력을 나타내는 EQ 그리고 다른 사람들의 의견을 모으고 이끌 수 있는 CQ의 뛰어남도 존재합니다. EQ와 CQ는 각각 감정과 소통의 영역에서 강점을 가지는데 요즘 시대에 더욱 빛을 발하는, 필수적인 역량이라고 평가받고 있습니다. 하지만 감정과 관계의 중요성을 강조한 EQ, 글로벌 시대의 소통 역량을 반영한 CQ 같은 개념들의 중요성에도 여전히 IQ 중심의 기준은 뿌리 깊게 남아 있습니다. 이러한 관점은 "과연 이것이 아이들을 평가하는 단 하나의 도구로 작동해도 되는가?"라는 의문을 우리에게 남깁니다. 동시에 "물론 IQ가 전부가 아니라는 걸 알지만, 그렇다면 아이들을 어떻게 평가하라는 걸까?" 하는 의문도 함께 남습니다. 이에 대해 가드너는 IQ 테스트는 인간이 가지고 있는 지능의 일부분을 측정하는 도구일 뿐이라고 이야기했습니다. 그는 지능을 보는 '틀'을 바꾸기를 권장하였는데 이때 소개한 것이 바로 다중지능입니다. 다중지능은 인지 능력에 바탕을 둔 전통적인 지능 지수와 달리 인간의 지능 자체를 여러 가지 다양한 종류로 나누어 폭넓게 살펴봅니다. 즉, IQ와 EQ, CQ 또한 각각 독립된 지능 영역으로 간주될 수 있으며, 전체 지능은 이처럼 다양한 세부 지능의 종합적인 결과로 나타난다고 보았습니다. EQ, CQ가 다른 아이들보다 월등하게 낮은데 IQ만 높다고 해서 종합적으로 뛰어난 아이로 보지 않는다는 것입니다. 물론 다중지능에서도 이 아이가 인지적 능력이 뛰어난 것을 부정하지 않겠지만 종합적인 고려를 통해 이 인지적 능력을 실제로 사람들 사이에서 활용하고, 사용할 수 있도록 만들어 주는 다른 지능을 키울 필요가 있다고 판단하게 된 것입니다. 가드너의 이론은 지능에 접근하는 방식 자체를 다르게 바라볼 수 있도록 도와줍니다. 이러한 차이점으로 인해, 다중지능은 측정할 때에도 전통적인 지능 측정 방법과는 다른 방법을 사용합니다. 예를 들어, 전통적으로 지능을 측정하는 방식인 IQ의 경우 표준화된 테스트를 통해 언어, 수리논리영역 그리고 공간지각능력을 중심으로 정해진 답을 얼마나 빠르게 잘 찾는지를 평가합니다. 반면에 다중지능에서는 정해진 답이 없는 과제가 주어집니다. 그래서 설문이나 관찰 등을 통해 평가하며 그에 맞게 각기 다른 다양한 방법을 통하여 아이들을 평가합니다. 아이가 가지고 있는 특성이 드러날 수 있도록 획일적인 기준이 아닌 개별화된 접근을 중시하지요. 가드너는 8가지의 다중지능을 제시했습니다. 언어지능, 논리-수학지능, 음악지능, 신체-운동지능, 공간지능, 대인관계지능, 자기이해지능, 자연친화지능이 그에 해당됩니다. 함께 가드너의 8가지 다중지능을 살펴보며 우리 아이는 어떤 지능에서 어느 정도의 강점이 있을 것 같은지 생각해 보면 좋겠습니다.

언어지능(Verbal-Linguistic Intelligence)은 언어와 관련된 지능으로 말을 잘하거나 글을 잘 써서 자신의 생각을 효과적으로 전달하는 등의 언어를 효과적으로 사용하고 활용하는 지능을 이야기합니다. 토론할 때 자기 생각을 빠르게 정리해 또박또박 이야기하거나, 갑작스러운 상황에도 임기응변으로 대처하는 것에 능한 사람을 본 적이 있으신가요? 직접 노래의 작사를 담당하며 자신의 삶을 가사에 녹여내는 가수들, 자신만의 이야기를 시와 산문으로 표현하여 적어 내려가는 작가들 또한 여기에 해당되겠습니다.

옛말을 활용해 보자면 물에 빠져도 입은 뜰 것 같은 사람이 여기에 해당되지요. 말로 무엇을 할지는 사람마다 다르지만 말과 글로 자신의 생각을 정확하게 전달하는 것이 뛰어난 사람들이 바로 언어지능에 강점을 가지고 있는 사람들입니다.

논리-수학지능(Logical-Mathematical Intelligence)은 수학적 개념에 강점을 가진 지능으로 수와 논리를 활용한 추론에 강한 지능입니다. 반복되는 패턴을 발견하거나 무언가를 추론하여 결과를 이끌어 내는 데 강점을 가집니다. 수학, 과학과 같은 과목에 흥미를 가지고 두각을 나타낼 수도 있는데 논리-수학지능은 그보다 더 많은 영역에 활용될 수 있답니다. 소설 속의 유명한 탐정인 셜록 홈스를 떠올려 보면 이해가 쉬울 거예요. 셜록 홈스는 단서 하나하나를 흘려보내지 않고 단서들을 조합하여 범인의 패턴과 특성을 찾고 결국 사건의 종결에 도달하는 능력을 가지고 있지요. 사소한 것들을 놓치지 않고 논리적으로 조합해 전체 그림을 그려내는 능력이 이 지능의 특징입니다.

음악지능(Musical Intelligence)은 음에 관련된 지능으로 소리와 리듬, 음의 변화에 민감하며 음악에 대한 감응이 높은 것을 이야기합니다. 음악을 직접 연주하는 것뿐만 아니라 감상하는 것도 포함되며, 심지어 소리를 섬세하게 듣고 표현하는 능력도 포함됩니다. 피아니스트이자 작곡가인 류이치 사카모토는 자연의 소리, 세상의 소리들을 최대한 음악에 넣고 싶다고 이야기했다고 합니다. 그는 소리를 듣고, 느끼고, 음악으로 만들어 내는 능력을 모두 갖춘 종합적 음악지능이 뛰어난 인물의 대표적인 예라고 할 수 있습니다.

신체-운동지능(Bodily-Kinesthetic Intelligence)은 신체에 대한 지능으로 몸을 목적에 맞게 움직이고 조절하는 능력을 이야기합니다. 활발하고 동작이 큰 느낌을 주지만 무용이나 연기와 같이 몸을 통해서 감정을 표현하거나 메시지를 전달하는 활동도 이 지능의 범주에 포함됩니다. 학교에서 아이들과 다중지능검사를 할 때면 가장 많이 나오는 지능 중 하나이기도 합니다. 초등교육 과정에는 몸을 움직이는 신체 활동이 많이 포함되어 있고 놀이 과정에서 아이들이 몸을 많이 사용하기 때문이 아닐까 생각합니다. 그러나 성인이 될수록 이 지능의 활용이 줄어들고, 몸과 멀어지는 삶을 사는 경우가 많습니다. 신체를 움직이고 운동을 좋아하는 아이들이 이렇게 많은데 어른을 대상으로 평가하면 확연히 줄어든다는 것에서 우리는 점점 운동과 멀어지는 삶의 방향을 택하고 있는 건 아닐까 하는 생각이 들기도 합니다. 우리의 마음은 몸에 생각보다 많은 영향력을 가지고 있습니다. 신체운동지능을 타고나지 않았더라도 자신의 몸의 신호를 듣고 반응하는 것은 모든 연령대에 중요합니다. 나의 몸과 마음은 깊은 상호 작용을 이루고 있으므로 항상 나의 신체 목소리를 들으려고 하는 노력이 필요할 것 같습니다.

공간지능(Visual-Spatial Intelligence)은 공간에 관련된 지능으로 공간을 인식하고 파악하는 능력입니다. 눈을 감고 지도를 머릿속에서 떠올리고, 복잡한 구조의 건물이라도 곧잘 길을 찾는 사람들이나 공간의 구성을 잘 이해하는 사람들이 여기에 해당한다고 볼 수 있습니다. 탐색, 설계에 강점을 가지고 있다 보니 자연스럽게 길을 찾거나 방향을 파악하는 감각이 뛰어납니다. 그러한 이유로 운전을 잘하기도 합니다. 이러한 재능은 건축, 디자인, 미술과 같이 시각적 창의성을 요구하는 분야나 매체와 관련된 것들에서 두각을 나타냅니다. 예를 들어 위대한 조각가 미켈란젤로, 자신이 본 것들을 바탕으로 새로운 시각으로 세상을 재구성하여 캔버스 위에 나타냈던

반 고흐, 그리고 감정을 공간에 담아낸 건축가 안도 타다오가 공간지능의 대표적인 사례에 해당됩니다.

대인관계지능(Interpersonal Intelligence)은 타인과 상호 작용하는 것에 강점을 가진 재능으로 다른 사람의 감정과 동기를 이해하고 이를 바탕으로 원만한 관계를 형성하는 지능입니다. 공감, 협동, 소통 능력이 뛰어나 사람들에게 호감을 사고 다른 사람들과 협력하는 데 유리한 특성을 가지고 있어 새로운 환경에서도 곧잘 적응합니다. 또한 리더십을 가지고 있다면 당근과 채찍을 잘 활용하는 리더가 될 수도 있습니다. 교육, 상담, 방송 등 사람을 상대하는 직업에 재능이 있고, 이러한 일에 즐거움을 느낄 수 있습니다. 예를 들어, 미국의 방송인인 오프라 윈프리는 상대의 이야기에 귀 기울이고 교감하며 대화를 이끄는 탁월한 스킬을 가지고 있는데 이를 바탕으로 자신의 쇼 프로그램인 '오프라 윈프리 쇼'를 만들 수 있었습니다. 탁월한 인터뷰 재능으로 유명한 유재석 역시 유쾌한 소통과 배려로 게스트들과 즐거운 관계성을 보여 줍니다. 이 또한 대인관계지능이 뛰어난 사례로 꼽을 수 있습니다. 그의 끊임없는 미담은 그가 방송뿐만 아니라 평소에도 이런 대인관계지능을 바탕으로 사람들과 어떻게 소통하는지를 보여 줍니다.

자기이해지능(Intrapersonal Intelligence)은 자기성찰지능이라고도 불립니다. 자기성찰과 자기인식을 바탕으로 한 지능으로 대인관계지능이 타인과의 상호관계 속에서 작동하는 능력이라면, 자기이해지능은 자신과의 상호관계 속에서 자신과의 관계를 깊이 탐색하는 능력이라고 할 수 있겠습니다. 이들은 특히나 자기성찰에 강한 모습을 가지며 꾸준히 성장하는 강한 동기를 가질 수 있습니다. 그러다 보니 어떤 삶을 살고 싶은지 본인이 결정하고 타인의 반대에도 흔들리지 않는 강한 의지를 보입니다. 예를 들어, 인간의 내면을 연구하여 무의식이라는 개념을 알려 준 심리학자 프로이트, 그리고 죽음 앞에서도 자신의 철학적 신념을 지킨 철학자 소크라테스가 여기에 해당될 수 있겠습니다. 자신의 신념과 생각을 관철하고자 하는 굳은 의지는 자기이해지능을 가진 사람들의 특징 중 하나입니다. 자신의 감정 상태를 민감하게 포착하고, 내면을 객관적으로 바라보며 자신을 통찰하는 사람이 이 지능을 잘 활용하는 사람들입니다.

자연친화지능(Naturalistic Intelligence)은 생명체와 환경에 민감하게 반응하는 능력으로 자연과 교감하는 능력이 뛰어난 사람을 의미합니다. 우리가 살아가는 세상은 동식물을 비롯하여 다양한 생명체가 있습니다. 자연친화지능을 가진 사람들은 생명체와 자연 환경에 대해 깊은 관심과 공감능력을 갖고 있습니다. 이들은 예민하고 섬세한 관찰력을 통해 자연에서 일어나는 크고 작은 일들에 관심을 기울이고 그 안에 작용하고 있는 자연의 이치와 원리를 이해하려고 하지요. 그들이 알려 준 자연에 대한 통찰은 놀랍습니다. 예를 들어, 침팬지를 관찰하며 인간과의 유사성을 밝혀낸 제인 구달은 자연친화지능이 뛰어난 대표적인 인물입니다. 이 지능을 지닌 사람들은 인간뿐만 아니라 자연에 대한 높은 공감능력을 바탕으로 다양한 생명체와 공감하기 때문에 우리가 함께 살아가는 지구에 많은 도움을 주고 있습니다.

이렇게 8가지 지능을 살펴보니 어떠신가요? 8가지 지능은 아이들마다 다르게 나타납니다. 개인마다 가지고 있는 강점과 특징을 잘 살펴보며 그를 바탕으로 아이들이 자기만의 삶을 살 수 있다면, 타인과 비교하며 무리하게 쫓아가거나 뒤처질까 불안해할 필요도 없겠지요. 다중지능을 고려할 때는 종합적으로 살펴보는 것이 중요합니다. 예를 들어, 말솜씨가 좋아 어디서든 미움 사지 않고 원만하게 지내는 사람의 경우 언어지능뿐만 아니라 대인관계지능도 함께 가지고 있을 가능성이 높다고 예상할 수 있습니다.

다중지능은 개별 지능만이 아니라 지능 간의 상호 작용을 통해 아이들마다의 가능성을 바라볼 수 있습니다. 이렇게 8가지의 지능을 조합해 보며 아이들이 가지고 있는 여러 가지 지능을 함께 고려하여 이 모든 것들이 종합적으로 활용될 때의 우리 아이의 모습을 상상해 보세요. 사실 다중지능 개념은 완전히 증명할 수 있는 과학적 근거가 충분하지 못하다는 평가를 일부 뇌과학 근거 기반의 연구자들에게 받고 있습니다. 저 또한 다중지능이라는 개념으로 아이들의 수백, 수천 개의 모습을 다 설명하는 것에는 한계가 있다고 생각합니다. 하지만 전 세계적으로 많은 교육현장에서 다중지능의 개념이 활용되고 있고 효과를 검증했다는 점 또한 사실입니다. 이는 다중지능이 아이들에게 특별한 의미를 주고 있기 때문이라고 생각합니다. 특히나 교육을 과학적으로 측정·증명하는 것은 쉽지 않습니다. 지금 배운 것들이 짧은 시일에 당장 영향을 줄 수도 있지만 미래의 다른 시점에 영향을 줄 수도 있습니다. 교육이 어느 시점에 영향을 미칠지 예측하는 것이 매우 어렵고, 학습이 얼마만큼의 의미를 가지는지는 아이들마다 다르기 때문에 그 결과 값을 계산하는 것도 쉽지는 않지요. 그럼에도 불구하고 제가 다중지능 이론을 교육에 많이 참고하는 이유는 학습은 결국 성적과 그 결과뿐만이 아닌 자신의 진로, 자아실현과도 이어진다는 것을 다중지능이 잘 보여 주기 때문입니다. 저는 매년 초등학교 4~6학년을 대상으로 강점검사, 다중지능검사, 빅파이브 성격검사 등 다양한 심리검사를 진행합니다. 심리검사를 진행한 후에는 교실에 들어가서 아이들에게 검사 결과를 해석해 주고 자신의 강점과 성격에 대한 이야기를 아이들과 나눕니다. 공부를 잘하지 못하는 아이도, 수업에 관심이 없는 아이도, 집중력이 떨어지는 아이도, 아이들 모두 이런 수업에서는 제외되지 않고 관심을 갖고 적극적으로 참여합니다. 수업이 끝난 뒤에는 따로 상담실로 찾아와 자신의 고민을 털어놓거나, 검사지 결과에 대해서 더 물어보는 아이들도 많습니다. 아직 명확한 단어로 진로를 정하거나 삶에서 추구하고 싶은 것이 무엇인지 설명하긴 어려워하지만 초등학교 고학년 정도가 되면 누구나 자신이 어떤 존재인지, 자신에 대해서 알아 가는 것에 관심을 가지게 됩니다. 이 시기의 아이들이 자신을 이해하고, 자신에 대해 균형 잡히고 올바른 이미지를 형성할 수 있도록 도와주는 것이 분명 앞으로의 중학교, 고등학교 나아가 성인의 삶에도 큰 영향을 줄 것이라고 생각합니다. 학교에서의 공부는 실제로 사회에서는 아무런 도움이 되지 않는다는 이야기를 주변에서 듣기도 합니다. 이런 걸 대체 왜 배우는 것인지, 의미를 알 수 없었던 적도 분명 있었던 것 같습니다. 하지만 공부에 대한 범위를 조금 더 넓혀 학습 과정에 대한 것들도 공부의 범위로 넣는다면 모두가 "아, 그렇지. 학교에서 나름대로 배운 것들이 많아."라고 공감할 수 있다고 생각합니다. 예를 들어, 학교에서 배운 통계 개념이나 미적분 개념을 우리가 실생활에서 많이 활용하지 않는다 하더라도 그 안에서 익힌 나에 대한 정보들은 남습니다. 우리가 학교에서 진정으로 배우는 것은 미적분을 얼마나 잘했느냐가 아니라, 어려운 수학 문제를 만났을 때 내가 어떻게 접근하고 풀이했는지에 대한 경험이라고 생각합니다. 다중지능과 관련하여 이야기해 보자면, 수학적 지능을 가지고 있지는 않지만 특유의 사교성을 가진 학생이 있다고 해볼까요? 이 학생에게 본인이 가지고 있는 수학적 지능으로만 어려운 수학 문제를 풀라고 한다면 문제를 풀 수 없을지도 모르겠습니다. 하지만 가지고 있는 대인관계지능을 활용하면 수학을 잘하는 친구에게서 문제를 푸는 방법을 배워서 수학 문제를 해결할 수도 있습니다. 단일지능으로만 판단한다면 자신의 힘으로는 문제를 풀어내지 못하는 사교적 지능이 있는 학생을 부족하다 평가할 수 있지만, 다중지능적 관점에서는 자신의 지능을 잘 활용하여 훌륭하게 문제를 풀어낸 것으로 볼 수 있습니다. 물론 매번 친구에게 물어보기만 한다면 바람직하다고 말하긴 어렵겠지만, 친구에게 물어보는 과정에서 새롭게 문제 풀이 방식을 습득을 하여 자신의 학습으로까지 연결시키는 추가적인 노력을 장기간 지속적으로 할 수 있다면 지금보다 더욱 발전할 수 있을 겁니다. 수학적 지능을 가진 아이에 비해서 수적인 부족함은 있을지 모르나 많은 사람들에게 물어보고 여러 방법을 접목한 만큼 적어도 자신의 생각에만 갇히지 않고 다양한 풀이를 할 수 있는 강점도 가질 수 있겠지요. 학교는 지식만을 배우는 공간이 아닙니다. 우리는 이곳에서 어떻게 살아가야 할지를 고민하고, 자신만의 생존 방법을 탐구할 수 있습니다. 안 좋은 일이 있고 나서 가족들과 함께 시간을 보낼 때 느껴지는 기쁨과 가족의 소중함, 친구들과 함께 마음을 나누었을 때의 안도감과 소속감, 누군가를 도와주거나 도움을 받았을 때의 기쁨은 모두 학교와 학교생활을 통해 느끼고 배울 수 있는 것들입니다.

이번 장을 마무리하며 우리가 서로 다른 지능을 가지고 있는 아이들을 위해 어떤 도움을 줄 수 있을지 교육적인 조언을 해보고자 합니다. 모든 아이들은 서로 다른 지능을 타고나고 따라서 각기 다른 방식으로 행복해질 수 있습니다. 모든 아이들이 같은 방식으로 행복해질 수는 없습니다. 그래서 아이들을 교육·양육하는 우리는 아이들이 어떤 환경일 때 즐거워하는지를 잘 살펴봐야 합니다. 사람은 가지고 있는 자원이나 성격에 따라 자신의 제일 좋은 모습을 보여 줄 수 있는 환경이 달라집니다. 최첨단 기술이 집약된 슈퍼컴퓨터도 인터넷을 활발하게 사용하지 않는, 와이파이도 없는 시골 어딘가의 창고에 있다면 그 기능은 의미가 없어집니다. 아무리 최신 스마트폰을 가지고 있어도 아무도 연락하지 않고 나 또한 잘 사용하지 않는다면 비싼 시계에 그 역할이 머무르게 됩니다. 이처럼 조건과 장소에 따라 물건의 가치는 달라지며 이는 사람에게도 어느 정도 적용됩니다. 우리는 어떤 장소, 상황에 놓이느냐에 따라서 똑같이 가지고 있는 능력에 대해 다른 평가를 받게 됩니다. 그래서 아이들이 자신의 성격, 지능과 긍정적인 상호 작용을 할 수 있는 환경을 스스로 알고 그곳에서 더 많은 즐거움을 찾을 수 있도록 도와주는 것이 필요합니다. 자극을 추구하는 성향이 높아 지루한 것을 견디지 못하고 재미있으면 단숨에 빠져들지만, 한 가지에 진득하게 집중하기 힘들어하는 아이가 있다고 가정해 보겠습니다. 이 아이가 단순히 반복작업을 해야 하는 상황에 놓이게 되면 아이는 당연히 작업을 잘 해내지 못할 것입니다. 효율 또한 다른 사람들에 비해서 상당히 떨어지겠지요. 하지만 빠르게 변화하는 상황에 적응하며, 계속 바뀌는 문제를 해결해야 하는 환경에 놓이게 된다면 어떨까요? 분명히 이전 환경보다는 잘 해낼 수 있을 것입니다. 다른 사람들은 빠르게 변화하는 환경에 스트레스를 받는 경우가 많아, 오히려 이 아이가 에이스가 될 수도 있겠지요. 아이가 별로 흥미 없는 한 가지 것에만 고도의 집중력을 발휘해야 하는 환경에서는 자신의 강점을 발휘하는 것이 어려울 수 있지만 멀티태스킹을 필수적으로 해야 하는 환경에서는 강한 강점을 가질 수 있기 때문입니다. 중요한 것은 아이들이 자신의 재능과 능력을 잘 갈고닦아 그 능력을 제대로 발휘할 수 있는 환경과 조건을 잘 찾는 것입니다. 이렇게 우리는 각자 서로 다른 강점들을 가지고 있기에 서로를 비교하는 것은 유의미한 좋은 결과를 얻기 힘듭니다. 또한 서로를 비교하는 분위기에서 실패하는 경험을 이겨내는 것은 굉장히 어려운 일입니다. 실패하지 않는 사람은 도전하지 않는 것과 마찬가지이죠. 그래서 아이들은 실패에서 일어서는 방법을 배워야 합니다. 아이들이 안 된다고 말을 할 때마다 학습된 무기력에 대한 개념을 알려 주세요. 아이들에게 너희를 가로막고 있는 것은 거대한 재능이나 상황이 아닌 내가 정해 둔 나의 한계임을 알려 주어야 합니다. 그리고 부모님과 선생님, 주변의 어른들은 실패에서 아이들이 무력감을 느끼지 않도록 과정에 집중하여 그동안의 노력으로 아이들이 얼마나 성장하였는지 그리고 그 결과 어떤 새로운 모습으로 이어졌는지를 알려 주셔야 합니다. 결과를 중요하게 생각한다면 실패했을 경우 아무것도 얻은 게 없다고 느끼겠지만 과정에 집중하게 되면 그동안 작은 것이라도 성장한 나를 볼 수 있게 됩니다. 아이들이 학습된 무기력에 빠지지 않도록 스스로에게 집중할 수 있게 도와주세요.

🌱 관계 맺기의 중요성

이 책을 쓰게 된 계기가 되었던, 초등시기에 꼭 배워야 할 중요한 것으로 소개하고 싶은 내용이 나왔습니다. 바로 '관계 맺기'에 대한 것들입니다. '관계 맺기'는 책 내용을 통틀어 가장 강조하고 싶은 부분입니다. 우리는 부모와 아동의 애착에 많은 관심을 가지며 중요하게 생각합니다. 이는 생애 초기에 맺게 되는 관계입니다. 하지만 생애 초기 이후 맺게 되는 관계들, 부모 외의 존재와 맺게 되는 애착에 대한 중요성을 간과하고는 합니다. 자녀에게 어떠한 문제가 나타났을 때 부모님들은 나와 자녀의 관계에서 그 원인을 찾으려고 합니다. 하지만 학교에 입학했을 정도의 나이가 된 아이에게, 부모님과의 관계 말고도 중요한 관계는 많습니다. 우리는 아동에게 나타나는 어려움의 원인을 찾을 때, 그 원인에 대한 책임을 부모에게 과도하게 전가할 때가 있는데 이러한 모습에서 벗어나야 한다고 생각합니다. 기질과 환경은 상호 작용을 하며 현재의 적응을 만들어 냅니다. 애착은 우리가 이 세상에 발을 딛고 살아가게 하는 힘입니다. 혼자서 버틸 수 없거나 위험한 상황 속에서 도망가고 싶을 때 의지할 수 있는 버팀목이 되기도 합니다. 이러한 안정적인 애착을 가능하게 해주는 것이 '관계'입니다. 이때의 관계란, 부모님뿐만 아니라 친구와 배우자, 다른 소중한 존재들과 유의미한 관계를 모두 포함하며 여러 가지 관계들은 전부 개인의 인생에 아주 크게 작용합니다. 아이들의 건강한 관계 맺기는 가정뿐만 아니라 학교와 그 밖에 속해 있는 공동체까지 확장되어 교사, 또래와의 관계 속에서도 길러집니다. 누군가에게 애착을 가질수록 우리는 어려운 삶의 순간을 안정감 있게 지낼 수 있습니다. 아이들은 부모님과 이야기하지 못할 외로움이나 불안을 단 한 명의 친구의 관심을 통해 해소하고는 합니다. 물론 관계를 맺는다는 것이 쉬운 일은 아닙니다. 대인관계는 어린아이들뿐만 아니라 어른들에게도 항상 고민거리 중 하나로 여겨지지요. 명확한 정답이 없고 사람마다 관계를 맺는 방식이 모두 다르기 때문이 아닐까 합니다. 사회인지 학습, 대인관계 정서 등 여러 가지 이름으로 불리고 있지만 그 안의 핵심은 사회성입니다. 사회성이 중요한 이유는 무조건 친구나 누군가와 함께 같이 있는 게 중요하다는 단순한 이야기가 아닙니다. 내 주변에 사람이 있고 어떤 인간관계를 맺고 있느냐는 나의 행복과 정신건강, 그리고 삶의 만족도에 직접적인 큰 영향을 미칩니다. 사회성이 삶의 만족도에 영향을 미칠 정도로 중요한 것이 사실이라면 사회성이 부족하거나 연습이 더 필요한 아이들에게 사회성을 잘 기를 수 있도록 도와주는 일은, 시험에서 좋은 점수를 받는 것만큼이나 중요한 일일 것입니다. 하지만 우리는 수학이나 영어 점수에 신경을 쓰는 것만큼 사회성을 신경 쓰고 있지 않습니다. 오히려 공부를 잘하면 해결될 것이라고 믿고 있기도 하지요. 그럴 때면 안타까움을 느낍니다. 어쩌면 '사회성은 대체 어떻게 기르는 것일까?' 막연하고 어려워 시도하지 못하고 있는 부분도 있지 않을까 생각합니다. 저는 사회성이 학교에서 배워야 하는 무엇보다 중요한 것 중 하나라고 생각하고 있고 부모님들과 상담할 때에도 이 점을 항상 강조해 왔습니다. 아이들이 즐겁게 학교생활을 하기 위해 가장 필요한 것은 '건강한 관계 맺기'입니다. 이번 장에서는 건강한 관계 맺기의 중요성과 관계 맺기의 어떤 부분들이 중요한지, 그리고 가정에서 도와줄 수 있는 방법들에 관해 이야기해 보고자 합니다.

먼저 어린이들의 관계 맺기는 어른들의 관계 맺기와는 조금 다른 점을 가집니다. 첫째로는 아이들은 어른보다 관계 경험이 적기 때문에 관계에서 오는 스트레스에 면역이 덜 있어 대인관계 스트레스에 더 민감한 상태라는 점입니다. 친구와 다툼이 있거나 친해지고 싶었던 친구와 친해지지 못하는 것과 같이 관계 맺기의 실패 등에 어른들보다 더 큰 상처를 받기도 하지요. (반대로 민감성이 더 강하여 스트레스에 대처하기 위해 큰 일을 작은 일이라고 여기는 경우도 있습니다.) 어른들이 생각하기에 "별일도 아닌데 왜 이렇게 크게 생각하지?"라고 생각할 수 있지만, 그 일이 아이에게는 불가사의 같은 처음 마주하는 어려운 문제일 수도 있습니다. 아이들은 엄마나 아빠, 선생님이 문제를 해결해 주면 좋겠다고 바랍니다. 특히나, 높은 불안감을 가진 아이는 불안감을 낮추기 위해 부모에게 계속해서 친구 사이의 불편했던 일을 말하며 의지하고는 합니다. 이는 부모를 상당히 지치게 만들고 가끔은 짜증이 나게 합니다. 아이들의 이야기를 듣다가 귀찮거나 짜증이 난 적 있으신가요? 같은 일을 매번 듣다 보면 누구나 그렇게 느낄 것이기에 죄책감을 느끼지 않으셔도 됩니다. 하지만, 아이는 부모님께 이야기한 것만으로도 불안이 어느 정도 해소가 되고, 스스로 조절할 수 있는 단계까지 불안 수준이 내려왔을 것입니다. 이 아이는 불안감을 조절하는 방법으로 주변에 이야기하는 방안을 선택한 것이죠. 진심으로 들어 주는 행위는 상당히 큰 힘을 갖습니다. 하지만 안정시키는 역할을 하되 이를 대신 해결해 주는 것을 주의해야 합니다. 문제를 대신 해결해 주기 시작하면 아이는 부모에게 자신의 문제를 도와주는 '조력자'에서 문제를 해결해 주는 '대행자'로서의 역할을 기대하기 때문입니다. 어릴 적 또래 경험이 적은 학생일수록 또래와의 문제를 어렵게 느끼기 때문에 이런 경향성은 높아집니다. 엄마에게 대신 사과를 전달해 달라거나 선생님께 화해시켜 달라고 하기도 하지요. 한두 번 정도는 그럴 수 있지만 이러한 부탁을 들어주는 것이 반복된다면 스스로 문제를 해결하기 어려워집니다. 소심한 성향을 타고나는 친구들은 부모님께 문제 해결을 의탁하고 그것이 습관이 되어 고학년이 되어서도 관계 해결에 힘쓰지 못하고 한 발 두 발 물러서는 경우가 있습니다. 그러므로 저는 부모님이나 다른 사람이 대인관계 문제를 직접적으로 대신 해결해 주는 방식을 권장하지 않습니다. 무엇보다 이러한 해결 방식이 향후 아이에게 도움이 되지 않는 경우가 많았고, 친구와 다시 화해를 못 한다고 하더라도 그것 또한 경험으로 남아 무언가를 배우는 과정이 되기 때문입니다. "아, 그때 너무 화가 나서 심하게 말해 버렸는데 그렇게 말하지 말걸. 그런 말을 하면 다시는 친구로 지낼 수 없게 되는구나!", "나의 비밀을 다 말하지 말걸, 어떤 비밀은 정말 믿을 수 있는 친구에게만 이야기해야 하는구나!", "계속 거짓말을 하다 보면 친구들이 내 말을 믿어주지 않는구나!" 등 마음 아프지만 중요한 삶의 교훈들도 얻을 수 있지요. 관계 맺기의 실패를 두려워해서는 안 됩니다. 실패를 쌓아 더 나은 관계 맺기를 만들어 나가기 때문입니다. 두 번째로 어린이의 관계 맺기에 참고할 점은 요즘 아이들의 인간관계 해결 방식이 예전과는 사뭇 달라졌다는 점입니다. 요즘 아이들은 대인관계에 문제가 생겼을 때 갈등을 피하는, 단절하는 모습들을 자주 보입니다. 예전에는 운동장에서 함께 놀며 주변 사람들과 문제를 해결하고 의견을 타협해 나가는 방식을 자연스럽게 배울 수 있었다면, 요즘의 아이들은 게임으로 많이 놉니다. 게임에서는 문제가 생기면 전원을 꺼버리거나 차단할 수 있습니다. 그래서 현실에서 문제가 발생할 때면 당혹스러워하며 그 자리나 상황을 차단하는, 피하려고 하는 모습을 자주 보입니다. 여러 가지 메신저 앱도 마찬가지입니다. 비대면화된 대화 수단을 통해 아이들은 곧바로 상대를 차단하거나 채팅방을 나가는 등 문제를 직면하기보다는 회피하는 방식을 더 익히게 됩니다. 하루는 갈등을 주제로 수업하던 중 아이들과 이런 상황에서 우리는 어떻게 갈등을 해결할 수 있을지에 대해 이야기하고 있었습니다. 많은 아이들이 이 주제를 어려워합니다. 고학년 아이들에게서도 선생님께 말한다는 대답이 꽤 흔하게 들립니다. 물론 모든 아이들에게 적용되는 이야기는 아니지만 다른 친구들과 관계를 맺어가는 과정에서, 문제 해결 방식을 선생님이나 부모님에게 많이 의존하는 것이 현실의 학교 상황입니다. 마지막으로 강조하고 싶은 것은 어린 시절의 관계 맺기의 중요성과 이것이 향후 관계 맺기에 많은 영향을 미친다는 점입니다. 아동기에 만들어진 관계에 대한 초기의 기억과 감정은 앞으로의 관계에도 기억의 파편으로 남아 의식적 또는 무의식적으로 영향을 줍니다. 타인과 상호 작용하는 것은 우리의 생각보다 복잡한 활동입니다. 먼저 타인의 말을 집중해서 제대로 들을 수 있어야 하고(경청), 나의 주장을 제대로 표현할 수 있어야 하며(자기주장), 이 모든 것을 상황과 맥락에 맞추어 적절하게 표현(상황과 대화 상대에 대한 이해)해야 합니다. 이 중 하나라도 제대로 이루어지지 않으면 소통에서 오해나 왜곡을 일으킬 수 있습니다. 이런 관계 맺기에 대한 스킬들은 모든 사람이 타고나지 않습니다. 타고난 아이들은 소수이고 사실은 많은 연습과 훈련이 필요합니다. 대인관계를 맺고, 연습과 경험을 쌓으며 그 방법들이 발전해 나가지요. 관계기술은 경험을 통해 향상할 수 있기 때문에 연습과 반복이 중요합니다. 하지만 아쉽게도 관계 맺는 기술을 향상시킬 수는 있지만, 타고나는 사회성에 대해 변화가 허용되는 범위가 한정되어 있다는 것도 알아야 합니다. 따라서 무조건 잘할 때까지 훈련하겠다는 마음가짐보다는 아이가 가지고 있는 기질을 바탕으로, 이 아이가 자신의 모습으로 살아가는 데 있어 제일 적절한 관계 맺음은 어떤 모습일지, 최선의 선택이 무엇인지를 고민해 보는 것이 필요합니다.

아이의 변화에 있어 부모가 큰 영향을 미치는 것은 맞지만 그보다 더 크게 영향을 미칠 수 있는 것이 바로 또래 집단입니다. 특히 아동·청소년 시절에 만난 친구들 그리고 그때 경험했던 또래 관계는 나중에 내가 맺는 관계들에도 큰 영향을 미치는데 이것은 뇌과학적 관점에서 뇌의 가소성이 더 열려 있는 시기이기에 더 높은 영향력을 가지는 것으로 해석할 수 있습니다. 혹시 '위키드'라는 작품을 보신 적 있으신가요? 워낙 인기 있는 작품이다 보니 영화나 뮤지컬, 소설 등 다양하게 접할 수 있습니다. 위키드의 주인공이라고 할 수 있는 인물은 두 명인데, 이 둘은 처음에는 서로에게 끔찍한 룸메이트였지만 후에는 둘도 없는 깊은 우정을 나누게 됩니다. 무엇보다 서로가 서로에게 부족한 부분을 채워 주며 더 나은 내가 될 수 있도록 도와주는 게 사람들에게 감동을 가져다줍니다. 누군가로 인해서 내가 더 긍정적으로 바뀌는 경험을 해본 적 있으신가요? 좋은 친구를 가진 사람들이 겪을 수 있는 행운이 아닐까 합니다. 우리는 원하든, 원하지 않든 주변 사람에게서 영향을 받고 어느 정도 그 사람을 닮아가게 됩니다. 주변에 좋은 사람들을 두라는 것도, 나의 긍정적인 에너지를 갉아먹거나 나의 안 좋은 모습들을 드러내게 만드는, 나에게 해로운 영향을 미치는 관계를 끊어내야 하는 이유도 여기 있습니다. 내가 맺는 관계는 나를 만들어 나갑니다. 때로는 더 좋은 사람이 될 수 있게, 때로는 더 나쁜 사람이 될 수 있도록 만듭니다. 결국, 내가 맺는 관계는 나의 성장과도 맞닿아 있습니다. 이 모든 대인관계에 대한 스킬들을 아이들이 어느 정도의 보호를 받으면서 배울 수 있는 환경이 학교입니다. 다양한 사람들 가운데 성향이 다른 친구들과 친해지기도 하고, 갈등을 겪기도 하면서 관계의 다양성을 배우게 됩니다. 하지만 요즘은 어떤 문제가 발생했을 때 아이들이 더 이상 스스로 해결하려 하지 않습니다. 부모님이나 선생님에게 와서 상황을 말하고, 그들이 해결해 주기를 기다립니다. 아이들은 더 많이 보호받게 되었지만, 자신의 주장을 펼치고 타협해 나가는 방법을 잊어가고 있습니다. 학교만큼 다양한 아이들이 모이는 곳은 없지 않을까 합니다. 학교는 아이들에게 다양한 사람들을 접하고 대인관계를 맺을 수 있는 실험실의 역할을 할 필요성이 있습니다. 이 실험실에서 아이들은 건강한 관계를 맺는 나만의 방법을 알게 되고 이를 바탕으로 관계의 중심을 '타인'이 아닌 '나'로 옮겨 스스로 만족할 수 있는 인간관계를 맺을 수 있게 됩니다. 관계 맺기는 단순히 타인과 좋은 관계를 유지하는 것을 넘어서 자신의 정체성을 주변과 상호 작용하는 과정입니다. 아이가 주변과 어울리며 자신을 바탕으로 관계를 형성하는 노하우를 하나씩 터득해 나갈 수 있도록 우리 모두가 격려해야 합니다.

그렇다면 관계 맺기를 통해 아이들이 구체적으로 어떤 경험을 할 수 있을까요? 저는 아이들이 건강한 관계 맺기의 과정에서 '소속감', '우호성' 그리고 '자기주장'을 자연스럽게 느낄 수 있다고 생각합니다.

1) 소속감

아이들이 또래와의 관계에서 소속감을 느끼는 것은 매우 중요합니다. 학교는 아이들의 첫 단체생활 경험입니다. 아무것도 하지 않아도 무조건적인 사랑과 인정을 받았던 가정이라는 공동체 관계와는 달리, 이곳에서 아이들은 보장되지 않은 사랑과 인정을 스스로 찾아 나가야 합니다. 사회 초년생이 직장생활을 시작하며 자신의 능력을 하나씩 입증해 나가는 과정처럼 어딘가에 소속되기 위해 아이들은 여러 가지 관문을 통과해야 합니다. 아동·청소년기에 무리에 속해지는 것은 정서적 안정감과 자기 존중감을 형성하는 뿌리가 됩니다. 반드시 단체로 움직여야 한다는 의미는 아니지만 가족이 아닌 또래에게 중요한 사람(matter person)이라고 인정받고, 집단에서 경험을 나누는 것은 아이들에게 인정 욕구의 충족과 존재의 의미를 일부 가져다줍니다. 관계에서 반복적으로 인정받고 정서적 안정감을 느끼게 된다면, 또래와의 신뢰와 친밀감을 통해 새로운 애착을 형성하는 것과도 이어질 수 있습니다.

2) 우호성

'타인에게 얼마나 우호적일 수 있는가?'는 '내가 얼마나 우호적인 세상에서 살고 싶은가?'와 같은 질문입니다. 건강한 관계 맺기는 아이들에게 신뢰가 가고 친근한, 실제보다 좀 더 긍정적인 세상의 모습을 보여 줍니다. 세상을 바꾸는 것은 오래 걸리며 쉽지 않은 일이지만, 세상의 어떤 면을 더 깊게 바라볼지는 그보다 빠르고 비교적 쉽게 정할 수 있습니다. 특히 우리 아이가 우호적이고 사랑받는 상냥한 세상에서 살기를 바란다면, 우리 아이가 남들에게 우호적이며 사랑하고 상냥하게 대하도록 교육해야 합니다. 우리 뇌는 새로운 것들을 만날 때마다 변화합니다. 뇌는 가소성을 가지고 있어 변화할 수 있는 특징을 가지고 있습니다. 특히 어린 시절일수록 우리 뇌는 더욱 빠르게 변화에 반응하기에 이 시기의 경험은 중요성을 가집니다. 아이의 무언가를 바꾸어 주고 싶을 때 "지금보다 크면 나아지지 않을까?"

생각하며 변화를 주저하기도 하는데, 아이가 어린 지금에야말로 선천적으로 가지고 있지 않은 무언가를 자극할 수 있는 좋은 기회입니다. 특히 우호성이 그렇습니다. 사람에게 선천적으로 관심이 없는 아이가 또래와의 경험을 통해 새로운 즐거움을 느낄 수 있는 기회입니다. 반복적인 또래와의 즐거운 상호 작용은 결국 새로운 감정과 행동을 불러일으킬 수 있습니다. 누구든 자신이 되고 싶은 사람처럼 행동하면 그 모습을 닮아갈 수 있습니다. 이것이 사교적인 아이가 아닌 아이들에게도, 친구들에게 관심이 없는 아이들에게도 일정 수준 이상의 상호 작용을 해보는 것을 계속 권하고 연습시키는 이유입니다. 저는 아이들이 자신을 사랑해 주는 사람들이 가능한 한 많은 세상에서, 누군가를 사랑하는 마음을 가지고 살아가길 희망합니다.

3) 자기주장

건강한 관계에서 우리는 동등한 중요성을 가지고 있는 파트너이기 때문에 나의 주장을 말하는 것이 불편하지 않습니다. 자기주장 훈련은 동양 문화권에서 더욱 중요성을 가집니다. 한국을 비롯하여 집단주의적인 문화가 발달한 곳에서는 "가능한 한 참는 게 좋다.", "갈등은 피하는 게 좋다."와 같은 생각을 사회 구성원들이 가지게 되고 자연스럽게 아이들에게도 그렇게 하도록 교육합니다. 갈등을 피하고 조화를 중요시하는 분위기 속에서 아이들은 자신의 감정을 누르며 성장하기 쉽습니다. 조화는 공동체가 함께 살아가는 데 있어 중요한 가치입니다. 그러나 자신이 어디까지 참아야 하는지 그리고 더는 참기 어려울 때 어떻게 반응해야 하는지에 대한 방법을 가르쳐 주어야 아이들이 자신을 지켜 나가며 건강하게 관계를 맺을 수 있습니다. 우리는 그것을 '자기주장'이라 부릅니다. 자기주장을 통해 우리는 나의 생각과 감정을 상대에게 적절하게 표현하고 나를 안전하게 지킬 수 있습니다. 자기주장을 건강하고 적절하게 표현하지 못하면, 감정을 억누르다 갑자기 폭발하는 형태의 소통 방식으로 이어질 수 있습니다. 이 경우 원하는 바를 이루기는커녕 상황을 악화시킬 때가 많습니다.

마지막으로 "관계 맺음에 대해 가정에서 도울 수 있는 방법은 없을까?" 고민하시는 부모님들을 위해 집에서도 쉽게 실천할 수 있는 방법들을 소개하며 마무리하고자 합니다. 사회성을 경험으로 쌓는 것 외에, 가정에서 연습을 통해 길러 줄 수 있는 부분은 '맥락 파악'과 '상황 판단'입니다. 아이들이 일상에서 '상황'이나 '이야기'들을 접할 때 쉽게 활용할 수 있지요. 예를 들면, 우리 주변에서 접할 수 있는 예능 프로그램이나 영화, 뮤지컬, 책 등 인물과 상황이 나오는 것이라면 무엇이든 적용할 수 있습니다. 그중 제가 가장 추천해 드리는 것은 동화책입니다. 동화책은 종류도 많고 구하기도 쉬우며 교육적인 내용들을 다루고 있는 경우가 많아 선정에 큰 어려움이 없기 때문입니다. 무엇보다 복잡하지 않고, 이해하기 쉽게 구성되어 있기에 저학년 친구들에게도 활용할 수 있습니다. 동화책으로 어떻게 아이들에게 '맥락 파악'과 '상황 판단'을 알려 줄 수 있을지, '거북이와 토끼'를 예시로 들어 보겠습니다.

1) 줄거리 요약하기

"이 글의 줄거리를 요약해서 말해 보자." 이 질문은 아이의 집중력에 따라 책을 읽기 전, 미리 이 질문을 할 것이라고 알려 주면 더 도움이 될 수도 있습니다. 미리 알려 주는 것을 통해 이야기를 들을 때 아이가 더욱 집중해서 들을 수 있고, 이야기를 듣고 필요한 정보를 기억했다가 요약해서 만들어 내는 인지 과정의 작업을 강화해 줄 수 있습니다. 줄거리 요약하기는 특히 대화에서 핵심을 잡지 못하는 아이들이나 엉뚱한 이야기를 하는 친구들, 이야기가 길어질 때 집중을 못하는 아이들에게 장기간 활용했을 시 효과가 좋습니다. 수업 시간에도 도움이 되기 때문에 수업에 잘 집중하지 못하는 아이들에게도 활용해 보세요. 아직 줄거리를 요약할 수 있을 정도의 단계에 미치지 못한다면 "이 페이지를 한 문장으로 요약해 보자.", "이 단락을 한 문장으로 요약해 볼까?" 등으로 변형해서 활용할 수 있습니다. 대답이 늦어도 생각하기 위해 늦는 것이라면 괜찮습니다. 스스로 핵심을 찾고자 노력하는 시간 자체가 의미를 가집니다. 줄거리를 요약하는 시간을 통해 아이들이 조금씩 작업기억을 활용하는 시간을 늘리고 스스로 핵심을 찾을 수 있도록 연습시켜 보세요.

2) 인물들의 감정 설명해 보기

"거북이는 이겼을 때 어떤 기분이었을까?", "이겼으니 당연히 기뻤을까? 아니면 토끼에게 미안한 마음이 들어 조금은 불편했을까?", "토끼는 거북이가 이긴 걸 알았을 때 기분이 어땠을까?" 동화에 등장하는 인물들의 감정에 관해 물어보세요. 꼭 주인공의 감정만 물어보아야 하는 것은 아닙니다. 질문을 확장해 주인공의 감정뿐만 아니라 주변 사람들, 제삼자의 감정에 대해 다루어 보는 것도 매우 도움이 됩니다. 예를 들어, "이 경기를 지켜보던 사람들은 어떤 기분이었을까?", "거북이랑 친한 사람들은 어떻게 생각했을 것 같아?", "토끼랑 친한 사람들은 어떻게 생각했을까?" 이렇게 여러 가지 각도에서 상황을 바라볼 수 있게 한다면 더욱 효과가 좋을 것입니다.

또 질문을 효과적으로 할 수 있는 다른 방법은 단계별로 감정에 대한 질문을 제시하는 것입니다. 감정에 대한 추론이 어려운 아이일수록 단편적이고 읽기 쉬운 감정을, 그리고 감정에 대한 추론을 어느 정도 할 수 있는 아이들에게는 하나로 해석하기 어려운, 복잡한 감정을 물어보세요. 하나로 해석하기 어려운 감정은 예를 들어 기쁘지만 걱정된다, 설레지만 무섭다 등의 긍정과 부정이 섞인 상반된 감정들을 말합니다. 핵심은 아이들의 단계에 맞추어 감정에 대해 표현이 조금씩 늘어나고 다양하게 해석할 수 있도록 도와주는 것입니다. 얼마나 정답에 가깝게 감정을 추측했는가도 중요하지만 얼마나 인물의 입장에서 생각해 추측했는지를 살펴보세요.

3) 나의 상황에 대입하여 생각해 보기

줄거리와 인물들의 입장을 이해했다면 이들을 현실로 확장하는 최종 단계의 질문입니다. "만약에 ○○라면 어떻게 했을까?", "만약에 이런 사건이 지금 일어났다면 사람들은 이 경기를 어떻게 생각할까?"와 같은 질문을 하는 것입니다. 이러한 질문을 통해 동화 속의 상황들을 현실 세상으로 가져와 적용할 수 있게 도와줄 수 있습니다. 현실과 연결된 상황에 대한 질문을 통해 아이는 다양한 감정과 상황을 해석하고 공감하는 능력을 조금씩 키울 수 있습니다. 이 질문 또한 감정에 관해 물어봤던 질문처럼 다양한 관점에서 상황을 생각할 수 있도록 도와주면 좋습니다. "○○이가 거북이었다면 어땠을까?", "○○이가 토끼였다면 이제 어떻게 할 거야?" 등의 질문을 할 수가 있습니다. 거북이가 어떤 감정을 느꼈을지와 내가 거북이라면 어떨지에 대한 대답은 다를 수 있습니다. "내가 다른 사람이라면 어땠을까?" 타인이 되는 경험을 통해 아이들에게 간접적으로 상황을 경험할 수 있도록 해줄 수 있습니다.

맥락 파악과 상황 판단은 꾸준히 연습할수록 더욱 효과가 좋은데, 핵심적인 아이디어나 방법만 잘 이해한다면 생각보다 쉽게 따라 할 수 있어 가정에서 연습하기에 적합합니다. 중요한 것은 꾸준함입니다. 가정에서 무리하지 않는 선에서, 부모님이 지치지 않고 아이와 함께 지속적으로 맥락과 상황에 대한 자극을 주면 좋을 것 같습니다. 큰 포부를 가지거나 욕심을 내는 것이 장기간으로 봤을 때 지속하지 못하는 방해물이 됩니다. 일주일에 한 번 하루 20분, 한 달에 4번 정도라도 훌륭합니다! 부담스럽지 않은 선에서 계속해 보세요. 이번 주는 동화책, 다음 주는 교육적인 애니메이션과 같이 격주로 매체를 바꾸어 진행하며 아이의 흥미를 끌어내는 것도 좋은 방법입니다. 부담 없이 시작하되, 꾸준히 이어 나가 보세요.

질문과 함께 정리해 보는 우리 아이 학교생활

가드너는 초기에는 7가지, 그 다음에는 8가지 그리고 현재 9가지의 지능을 제시했습니다. 시간이 지날수록 지능이 추가된 것인데요. 이는 현재 가드너가 제시하지 않았더라도 여러 가지 지능이 더 존재할 수 있음을 시사하기도 합니다. 우리 아이는 어떤 다중지능을 가지고 있다고 생각이 되나요?

내가 생각하는 우리 아이가 가지고 있는 다중지능(8가지 중 선택)에 동그라미를 친 후, 순위를 매겨 보세요!

언어지능 / 논리-수학지능 / 음악지능 / 신체-운동지능 / 공간지능 / 대인관계지능 / 자기이해지능 / 자연친화지능

1순위:
- -
이유(아이의 모습과 함께 최대한 자세히 쓰기):
- -

- -

2순위:
- -
이유(아이의 모습과 함께 최대한 자세히 쓰기):

- -

- -

3순위:

_ _

이유(아이의 모습과 함께 최대한 자세히 쓰기):

_ _

_ _

4순위:

_ _

이유(아이의 모습과 함께 최대한 자세히 쓰기):

_ _

_ _

5순위:

_ _

이유(아이의 모습과 함께 최대한 자세히 쓰기):

_ _

_ _

초등학교 학교생활의 목표

자, 우리는 다 함께 학교에서 행복하게 사는 방법을 알아 나가는 게 왜 중요한지 그리고 그 중심에서 역할하는 사회정서역량에 대해서 살펴보았습니다. 그렇다면 실질적으로 어떻게 학교생활을 해야 할지 목표를 세워 볼까요? 부모님들은 양육의 목표를 바탕으로 학교생활의 목표를 세우고, 교사는 자신의 교육철학을 바탕으로 학교생활의 목표를 정합니다. 저의 경우 넘버원(No.1)이 아닌 온리원(Only one)을 만들자는 교육철학을 바탕으로 바꿀 수 없는 점들은 수용하고, 바꿀 수 있는 것은 발전시키기를 강조합니다. 조금 더 풀어서 이야기를 해보면 단점을 극복하는 것보다 강점을 바탕으로 단점을 보완하고 각자의 강점을 강화시켜 나가는 방향으로 교육합니다. 저는 저의 교육적 철학과 사회정서역량의 향상을 조합하여 학교에서 다음과 같은 교육적 목표를 세우고 있습니다.

1) 외부 상황에서 나의 행동과 감정을 조절하는 것을 배우고
2) 다양한 사람들과 건강한 관계를 맺으며
3) 내가 행복하게 살기 위해서 무엇이 필요한지를 배우는 것

목표가 너무 어려운 것은 아닌지, 이걸 학교 과정에서 배워야 하는 것인지와 같은 생각이 드실 수도 있습니다. 맞습니다. 그렇게 느껴질 수도 있습니다. 이러한 아이들이라면 어떤 사회에 가서도 잘 살 수 있지 않을까 하는 저의 바람을 담아 정해 보았습니다. 아이들이 완벽히 목표에 부합하는 것을 바라는 건 어려운 일일 것입니다. 당장 적용이 어려운 경우도 있겠지만 저러한 기초를 바탕으로 두고 아이들을 어떻게 훈육하고 가르칠지 생각한다는 방법론적인 관점에서 생각하시면 되겠습니다.

제 교육목표에 대해 구체적으로 어떻게 적용하고 있는지 자세히 이야기해보겠습니다.

 ## 외부 상황에서 나의 행동과 감정을 조절하는 것을 배우기

외부 상황에서 나의 행동과 감정을 조절하기 위해서는 무언가 내 마음대로 되지 않는 상황을 견디는 연습이 필요합니다. 하나씩 해결할 때마다 앞으로 갈등이 나타나도 내가 해결할 수 있다는 믿음이 있기에 조절력은 점차 향상됩니다. 해당 목표를 위해 저는 아이들이 충분히 견딜 수 있는 어려움이라고 예상된다면 스스로 해결하기를 권장합니다. 부모님들 중 내가 막아줄 수 있는 어려움을 막지 않아 우리 아이가 상처받는 것은 아닐지 걱정하시는 분들도 있습니다. 하지만 근육이 자라기 위해서는 근섬유의 찢어짐과 근육통이 필요한 것처럼 성장에는 어느 정도의 고통이 따르는 법입니다. 지금 아이의 힘든 소리를 듣고 적극적으로 돕는다면 당장 아이에게 닥쳐오는 어려움은 막아줄 수 있겠지만 미래를 본다면 도움이 되지 않을 때가 있습니다.

예를 들어 아이가 친구들 사이에서 거절을 하지 못하여 어려운 일들을 맡게 되는데 본인이 스트레스를 받으면서도 거절을 하지 못하는 상황이 있다고 해봅니다. 부모님 또는 선생님이 아이의 친구들에게 가서 사실은 원하지 않는다고 대신 말해 준다면 지금 이 순간은 거절할 수 있겠지만 다음에 거절하고 싶을 때 아이는 계속해서 대신 말해 줄 누군가를 찾게 될 것이고 스스로 거절하지 못하는 아이가 될 것입니다. 저는 학교에서 많은 아이들을 만나며 결국 여기에서 배우지 못하면 후에 더 아프게 배우게 됨을 느꼈고 적절한 시기에 적절한 교육이 이루어지는 것이 얼마나 중요한지를 매번 느꼈습니다. 지금 당장 문제가 해결되어도 그 방향성이 옳지 못함을 느낀다면 그건 지금의 상황을 진정시키기 위한 선택일 뿐 도움이 아닙니다. 그래서 항상 아이들의 학교생활에 개입하기 전 스스로에게 물어봐야 합니다.

"이건 아이를 위해서 하는 일인가, 나를 위해서 하는 일인가."

그리고 아이에게 도움이 되는 일이 아니라는 생각이 든다면 답답하고 힘겹더라도 개입하지 않는 것이 좋습니다. 지금 아이에게 필요한 것은 이 어려움을 견디어 나갈 자원이지 해결이 아닐 수도 있습니다.

다양한 사람들과 건강한 관계 맺기

관계 맺기에 대해 많이들 하시는 질문이 있습니다.

'친구가 꼭 있어야 하나요? 저희 애는 혼자 있는 걸 더 좋아해요.'
'저희 애는 친구들한테 관심이 없어서요.'

꼭 친구를 많이 만들어야 하는 것은 아닙니다. 하지만 친구를 '안' 사귀는 것과 '못' 사귀는 것은 매우 다른 문제입니다. 아이가 친구를 원하지 않아서 또는 그것이 더 편하기에 친구를 안 사귀는 것이라고 생각하지만 친구를 못 사귀는 형태가 굳어져 혼자 있는 것이 더 편해진 아이들도 있습니다. 저학년 때까지는 그럭저럭 지낼 수 있을지라도 또래의 영향이 점점 강해지는 고학년이 될수록 어려움이 커지고 스트레스를 받게 됩니다. 따라서 저학년 때 조금씩 친구를 만들어야 하는 환경, 불편한 환경을 제시하고 견디고 이겨 내는 경험을 쌓을 필요가 있습니다. 또한 이것은 친구를 많이 만들어야 한다는 말이 절대 아닙니다. 건강한 관계 맺기의 범위는 사람들마다 다르기 때문입니다. 누구에게는 3, 4명의 친구가, 누군가에게는 10명의 친구가 필요할 수도 있습니다. 여기에서 중요한 것은 경계를 명확히 하여 건강한 관계를 맺는 나만의 선을 느낄 수 있게 되고 이를 바탕으로 관계의 중심이 상대방이 아닌 내가 되어 스스로 만족할 수 있는 인간관계를 주변에 형성하는 것입니다. 나의 경계를 알기 위해서는 반드시 연습이 필요합니다. 초등학교는 인간관계 기술을 학습하고 연습하기 좋은 환경을 가지고 있습니다. 6년이라는 나름대로 긴 시간이 주어지기 때문에 지속적이고 안정적인 관계를 맺는 방법과 갈등이 있는 친구와 적절한 거리를 유지하며 자신을 지키는 관계를 맺는 방법 등 여러 가지 관계들을 맺는 방법을 실험할 수 있습니다. 따라서 이 기회를 잘 활용한다면 좋을 것 같습니다.

내가 행복하게 살기 위해서 무엇이 필요한지를 배우는 것

행복하게 살기 위해 배운다고 하면 대단한 것을 해야 할 것 같지만 거창하지 않아도 됩니다. 내가 어떤 사람인지, 내가 어떤 것을 좋아하는지, 어떤 것을 싫어하는지 스스로에 대해 알아 갈 수 있도록 도와준다고 생각하시면 됩니다. 그러면 훨씬 간단한 느낌이 들지 않나요? 그런데 왜 나를 알아 가야 할까요? 그것이 행복과 무슨 상관일지 궁금해 하실 수도 있습니다. 무언가로 인한 행복 또는 다른 누군가가 만들어 준 행복은 누군가가 사라지면 함께 사라집니다. 다른 것들에 흔들리지 않는 행복을 찾고 싶다면 결국 나에게서 찾아야 합니다. 다른 누군가를 행복하게 만들고자 할 때, 우리는 그 사람을 분석하고 관련된 것들을 기억하려고 합니다. 나를 사랑하는 방법도 똑같습니다. 나를 분석하여 잘 이해하고 나에게 내가 좋아하는 것들을 주는 것입니다. 또한 지피지기면 백전백승. 적을 알고 나를 알면 백 번을 싸워도 백 번 승리할 수 있다는 뜻인데요. 적은 아니지만 나를 괴롭게 하는 생각들, 충동들이 언제 어떤 방식으로 자주 오는지 안다면 그러한 생각들을 다루는 게 훨씬 쉬울 겁니다. 그런 생각들을 잘 다룰 수 있게 된다면 내가 나의 기분을 스스로 결정할 수 있는 가능성도 자연스레 높아질 수 있죠. 나를 사랑한다고 하면서도 사실 그렇지 못한 사람들도 많습니다. 사실 나의 좋은 점들만 나로 받아들이는 경우가 많습니다. 하지만 진짜 나는, 내가 좋아하는 나의 모습, 내가 좋아하지 않는 나의 모습 모두를 포함하며 사실 내가 남들에게 보여 주고 싶지 않은 모습들, 나의 그림자가 오히려 나의 본질을 다루고 있는 경우도 있습니다. 우리 아이들이 어릴 때부터 나의 좋은 점, 싫은 점을 모두 수용하면서 자신을 충분하다 여기고 그 속에서 나를 잘 이해하도록 교육할 수 있다면 더 많은 아이들이 행복한 어른이 될 수 있을 것입니다.

자, 지금까지 저의 교육철학과 학교생활의 목표를 살펴보았습니다.

이제 양육목표와 학교생활 목표를 직접 만들어 보세요. 먼저 '나의 양육목표'를 적는 것부터 시작하면 좋을 것 같습니다. 양육목표를 작성하는 것은 매우 중요한 일이니 반드시 한번 적어 보세요. 교육은 유행을 따라가지 않고 일관되게 나아가야 합니다. 그러기 위해서는 무엇보다 부모님께서 아이에게 물려주고 싶은 신념, 무형의 유산은 무엇이 있을지를 먼저 잘 생각해 보셔야 합니다. 뿌리가 깊지 않은 나무는 작은 바람에도 흔들립니다. 우리 아이에게 일관되게 교육하고 싶은 것은 무엇인지, 어떤 아이로 자라게 하고 싶은지는 꼭 정해 두어야 합니다. 두루뭉술해도 괜찮고, 뜬금없다 느껴져도 됩니다. 하지만 나의 가장 솔직한 바람과 욕심을 담아 진실하게 적어 보도록 합시다.

질문과 함께 정리해 보는 우리 아이 학교생활

1. 양육목표(교육목표)

❀ 넘버원(No.1)이 아닌 온리원(Only one)을 만들자

- -

2. 양육목표를 세우게 된 이유

- -

- -

- -

3. 양육목표를 바탕으로 한 학교생활의 목표

❀ 1) 외부 상황에서 나의 행동과 감정을 조절하는 방법 배우기
   2) 다양한 사람들과 건강한 관계를 맺는 방법 배우기
   3) 내가 행복하게 살기 위해서 무엇이 필요한지 배우는 것

1. -

2. -

3. -

즐거운 초등학교생활을
돕는 가정에서의 지원

초등학생 부모의 역할

　양육목표를 정해 보셨나요? 양육목표는 일관되게 적용되어야 하기에 양육을 함께하는 사람이 있다면 같이 여러 이야기를 해보고 정하시는 것이 좋습니다. 그리고 정해진 목표를 주변 사람들과도 이야기 나누어 보세요. 공유된 목표를 통해 다른 사람들도 자연스럽게 그 목표에 맞추어 나의 아이가 성장할 수 있도록 도와줄 수 있습니다. 이 양육목표는 내가 우리 아이에게 물려주는 유산(heritage)입니다. 지금 여기에 있는 나도 나의 부모에게서부터 받은 유산으로 이루어져 있습니다. 물리적으로 보이지는 않지만 우리는 의식과 무의식을 통해서 부모에게 유산을 물려받았습니다. 나 또한 우리 아이에게 유산을 전승할 수 있습니다. 나는 우리 아이에게 내가 배워온 여러 가지 삶의 가치들 중 어떤 것을 물려주고 싶은지 잘 고민해 보시기 바라겠습니다.

빨간 안경을 끼면 빨간 세상이, 파란 안경을 끼면 파란 세상이 보입니다.
우리 아이는 어떤 색의 안경으로 세상을 바라보게 하고 싶으신가요?

학교는 아이들의 첫 사회생활입니다. 우리 아이들은 이 집단 속에서 스키마(Schema)들을 형성해 나갑니다. 스키마는 지식의 틀로서 우리가 특정 상황에서 어떻게 해야 하는지에 대한 도식들을 말합니다. 한번 만들어진 스키마는 그 다음 비슷한 특정 상황에 처하게 되면, 자동화된 행동이 나타나도록 합니다. 처음 자동차를 탈 때에는 차 문을 열고 벨트를 매고 시동을 거는 등의 행동들을 하나씩 떠올려야 하지만 지금은 행동을 떠올리지 않아도 또는 동행자와 이야기를 나누면서도 자연스럽게 해당 행동을 수행할 수 있지 않으신가요? 이는 자동차에 시동을 거는 도식, 즉 자동차를 타는 스키마가 만들어진 것입니다! 또는 친구를 만들 때 맛있는 간식을 주는 친구들이 있습니다. 이 친구들은 간식을 줄 때 친구를 만들 수 있다는 친구 사귐에 대한 스키마를 만들었을 가능성이 높습니다.

　　4단계의 인지발달이론으로 유명한 발달심리학자인 장 피아제(Jean piaget)의 이야기로 설명해 보자면 아이들은 새로운 지식을 학습하며 이러한 스키마를 동화(기존의 스키마를 바탕으로 상황을 해석) 또는 조절(새로운 정보로 스키마를 수정하여 새로운 스키마를 형성)하며 평형(동화와 조절을 통해 스키마가 균형을 이루는 인지 과정) 상태를 통해 스키마를 발전시킨다고 합니다. 앞서 말한 내용들을 스키마를 활용하여 생각해 볼까요? 아이들은 처음으로 학교라는 공동체 생활에서 어떤 상황에서는 어떻게 행동해야 할지에 대한 행동 양식들, 상황 해석의 틀을 만들어 나갑니다. 우리는 그것을 스키마라고 부릅니다. 좀 더 자세하게 학교의 상황에 적용하여 살펴보자면 어떤 상황에서 어떻게 해야 하는지에 대한 규칙에 대한 스키마, 다툰 친구와는 어떻게 화해할지에 대한 스키마, 친구와 어떻게 친해지는지에 대한 스키마, 학습에 대한 스키마, 그리고 무엇보다 어려움에 어떻게 대처해 나가는지에 대한 스키마 등이 있을 수 있겠습니다. 부모는 아이들이 기능적이고 건강한 스키마를 가질 수 있도록 스키마에 대한 긍정적인 피드백, 부정적인 피드백을 해주며 특정 행동들이 나타나는 결과를 적절하게 강화 또는 약화시킬 수 있도록 도와주어야 합니다.

간혹 아이를 사랑하는 마음이 너무나 커서 아이가 어려워하는 일이라면 절대 시키지 않으시는 분들도 계십니다. 내가 없애줄 수 있는 어려움이라면 없애주는 게 부모의 역할이라 생각하실 수도 있습니다. 하지만 많은 것을 해줄 수 있다고 해서 줄 수 있는 모든 걸 준다면 아이는 그것을 스스로 얻을 기회를 잃어버리게 됩니다. 그리고 어려움에 대처하게 되는 스키마로 누군가에게 기대기를 학습할 수밖에 없게 됩니다. 누군가가 정해준 대로 산다는 건 스스로 결정하고 책임질 능력과 기회를 뺏기는 것과 같습니다. 미리 걱정하는 것은 미래를 대비하는 좋은 방법이 될 때도 있지만 우리 아이에게 족쇄를 채우는 일이기도 합니다. 우리는 우리의 말과 행동이 아이의 스키마에 어떤 영향을 줄 수 있는지 장단기적으로 지혜롭게 비교해 보며 행동해야 합니다. 초등학생 학부모가 할 수 있는 가장 중요한 것은 첫 공동체 생활을 시작하는 우리 아이가 건강하고 기능적인 스키마들을 형성해 나갈 수 있도록 적절한 규칙을 알려 주고 안정적인 애착관계를 유지해 나가는 것입니다. 학교를 다니며 겪게 되는 다양한 문제 상황들과 어려움을 아이들이 견디며 성장할 수 있도록 도와주고, 그 사이에 자신에 대한 긍정적인 자아상과 자기이해가 높아질 수 있도록 나는 어떤 사람일까에 대한 생각들을 보충해서 조금 더 채워 준다면 더할 나위 없이 완벽하다고 할 수 있겠습니다.

저는 초등학생 부모님이 해야 할 역할을 다음 3가지로 꼽겠습니다.

1) 규칙을 지키도록 지도하기
2) 안전기지의 역할
3) 스스로를 잘 돌보기

 ## 규칙을 지키도록 지도하기

학교생활이 시작되면 이제 우리 아이들에게는 하나의 미션이 더해집니다. 바로 단체생활의 '규칙 지키기'입니다. 이미 가정과 유치원, 어린이집 등에서 교육과 보육을 받으며 사회적 활동에 참여하고 규칙을 배웠을 것입니다. 하지만 초등학교생활은 그보다 더 많은 인내를 요구하게 됩니다. 유치원과 어린이집에서는 아동 중심의 활동들을 많이 하며 아동의 욕구를 우선시하여 살펴 주는 경향이 있습니다. 규칙이 존재하지만 중심되는 활동들은 아동이 자신의 기호에 따라 어느 정도 선택할 수 있는 분위기 또한 존재하지요. 학교의 철학이나 교육 방침에 따라 어느 정도 차이는 있을 수 있겠지만 초등학교의 경우 구조화된 환경에서 지식 습득을 목표로 한 학습을 하게 되고 성적표와 같은 형태의 피드백을 제공하며 아이들의 학습 상태를 꾸준히 점검합니다. 과정에 대한 평가의 중요성으로 결과 중심의 교육 방법에서 벗어나고는 있으나 유치원 때보다는 훨씬 구조화되고 제약이 생긴 환경임에는 변함이 없습니다. 또한 사회적으로 요구받는 역할과 책임도 달라집니다. 이전에는 아이들이 함께 노는 시간이라도 각자의 놀이로 놀거나 자신만의 규칙을 제시해도 받아들여지는 면이 있었다면 초등학교 시기의 아이들은 이전보다 논리적으로 사고를 하며 공통된 규칙 안에서 서로 상호작용하며 노는 것을 선호합니다. 함께 상호 작용이 어렵거나 규칙을 반복적으로 지키지 않는다면 앞으로의 놀이 참여가 어렵기도 합니다. 행동심리학의 대가이자 사회학습이론을 제시한 반두라(Albert Bandura)는 아동의 놀이는 서로의 모방을 통해 이루어지는 단순한 형태에서 점점 또래와 상호 작용을 하며 모방에서 벗어나 더 복잡한 사회적 기술을 사용하는 형태로 발전해 나간다고 하였습니다. 물론 처음부터 규칙을 잘 지키는 학생들도 있지만 계속해서 친구들과 상호 작용하며 규칙을 지키는 법을 배우는 학생들이 더 많은 것입니다.

혹시 예전에 편을 가를 때 사용했던 '데덴찌'라는 놀이를 들어 보셨나요? 나중에 알았지만 이 놀이는 지역마다 용어가 달랐습니다. 어떤 지역에서는 데덴찌, 어떤 지역에는 엎어라 뒤집어라, 하늘 하늘 땅 등 참 다양도 합니다. 만약 데덴찌라는 단어를 사용하던 동네에서 다른 동네로 이사를 갔는데 이 용어를 이해하지 못해서 술래가 된다면 정말 억울하지 않을까요? 이 이야기는 아이들이 초등학교에 가서 겪는 혼란을 보여 줍니다. 아이들 입장에서는 어느 날 학교에 가게 되었고 지금까지 이렇게 해왔는데 왜 갑자기 달라지는 것인지 이해가 안 되고 억울한 마음도 생길 것입니다. 그래서 그런지 초등 1학년~2학년 때까지 유치원으로 돌아가고 싶다는 학생들이 많습니다. 그때가 재미있었다고 하죠. 하지만 자유가 억압되고 제약이 많아졌어도 학교에서 만들어 가는 자랑스러운 초등학생이 되었다는 새로운 정체성이 생긴다면 이 변화들을 기꺼이 감내할 것입니다.

"It is not what is poured into the student
but what is planted that counts.
학생에게 무엇을 붓는지(가르치는지)가 아니라
심는 것(길러 내는 것)이 중요하다."

Linda Conway

규칙에 잘 따르는 것은 단순히 문제를 만들지 않는 것을 넘어섭니다. 이 규칙을 이해하고 나아가 나의 말과 행동을 조절할 수 있는 능력을 길러야 함을 시사하기도 합니다. 우리는 아이들을 관찰하며 아이들이 어떤 부분을 어려워하는지 살펴보고 그 어려움에 도움이 되는 맞춤형 지원을 제공해야 합니다. 이때 단순히 아이들의 성향을 파악하는 것을 넘어서야 합니다. 아이들이 어떤 성향을 가지고 있는지도 중요하지만 그 성향을 가지고 어떻게 학교생활에 잘 적응하고 나아가 사회의 규칙 안에서 잘 성장해 나갈 수 있을지를 가르쳐 주는 것이 더 중요합니다. 예를 들어 매번 이겨야만 직성이 풀리는 아이는 자신이 이기지 못했을 때 화가 나는 이 감정을 어떻게 다루어야 하는지를 배워야 이기지 못했을 때에도 결과에 승복하고 규칙에 따를 수 있습니다. 이 외에도 수업 시간에 잘하지 못해 속상한 아이는 이렇게 마음대로 안될 때 나의 슬픔을 어떻게 다루어야 하는지 배워야 다음 수업 시간을 피하지 않고 참여할 수 있습니다. 재미없는 것을 참지 못하고 지루하면 꼭 다른 신나는 걸 해야 하는 학생은 지루하더라도 자신의 인내를 활용하여 집중력을 유지하는 방법을 배워야 학교 수업 시간의 규칙에 잘 따라 학습할 수 있습니다. 모든 아이들이 어려워하는 행동, 감정조절 영역은 반드시 있습니다. 그것은 매우 당연한 일로 특정 능력이 뛰어난 학생일수록 특정 부분이 더 강하게 결핍되어 있기도 합니다. 이것을 문제로 규정하며 아이를 바라보기보다는 '어떤 도움을 주면 아이가 더 행복하고 즐겁게 학교생활을 할 수 있을까' 하는 마음으로 고민을 한다면 아이에게 더 도움이 될 것입니다.

🌱 부모라는 안전기지

　예전에 서양의 귀족에게 유행했던 교육 방법으로 그랜드 투어(Grand Tour)가 있습니다. 특히 이 교육 방법은 지리적 위치로 변방에 속해 있던 영국에서 유행하였고 2~5년 동안 프랑스나 이탈리아와 같이 많은 문화적 자원을 가지고 있는 다른 나라를 여행하며 지식을 쌓고 다양한 가치들과 생각들을 접할 수 있도록 하였습니다. 현재도 많은 대학생들이 하고 싶은 일 중 하나로 교환학생을 꼽기도 하죠. 우리는 우리와 다른 것들을 만날 때 나의 틀을 넘어서 확장할 수 있게 되는 것 같습니다. 지금보다 더 나은 내가 되기 위해 우리는 스스로의 한계에 도전해야 합니다. 더 멀리 갈 수 있는 방법, 더 도전할 수 있는 방법은 무엇일까요? 그것은 먼저 언제나 다시 돌아올 수 있는 공간이 생기는 것입니다.

　'내가 부모라서 우리 아이는 행복할까?' 한 번씩은 하게 되는 질문인 것 같습니다. 사실 이 질문을 아이들도 똑같이 자신에게 한다는 것을 알고 계시나요? '내가 우리 엄마, 아빠의 아들, 딸이라서 우리 엄마, 아빠가 행복할까?' 아이들은 고민합니다. 나의 존재가 우리 엄마, 아빠에게 기쁨이 되는지에 대한 질문을 했을 때 아이들이 어떻게 대답할 것 같으신가요. 우리는 아이들에게 나의 존재가 부모에게 비교할 수 없는 큰 기쁨을 주고 나 자신은 매우 가치 있는 사람이라는 확신을 줄 수 있어야 합니다. 학교에 입학하고 아이는 크고 작은 시련들을 마주하게 됩니다. 이러한 경험들이 쌓여 아이들은 차츰 성장하는데 이러한 고난들이 찾아올 때 견딜 수 있는 힘, 아이들에게 견고한 안전기지가 되어 주는 것이 부모인 내가 할 수 있는 가장 큰 역할입니다. 어떻게 하면 안전한 기지가 되어 줄 수 있는가. 이 질문에는 여러 가지 답변이 있습니다. 하지만 한 가지 태도를 말해 보자면 아이들에게 안전기지로서 작용할 수 있는 부모가 되기 위해서는 나의 행동이 아이들에게 어떻게 비추어질지 생각해 보고 부모로서 좋지 않은 모습들을 경계하는 자세가 필요합니다. 부모인 내가 정신적·육체적으로 건강한 상태를 유지하는 것이 중요합니다. 아이들이 즐겁게 생활하는 것도 좋지만 부모가 즐겁게 생활하는 모습을 아이들에게 보여 주는 것도 중요합니다. 우리는 몸과 마음이 건강할 때 좋은 부모로 작용할 수 있습니다. 부모는 무엇이든 해내는 사람이 아닙니다. 또한 안전기지로 작용한다는 것은 세상이 나를 미워하는 것 같을 때, 모든 사람이 나를 부정하는 것 같을 때 언제든 돌아가 쉴 수 있는 공간(사람)이 되는 것이지 원하는 것을 다 이루어 주는 공간(사람)이 아닙니다. 부모로서의 역할을 잘 해낸다는 것에는 나를 건강하고 행복한 인간으로 작용할 수 있게 아껴 주는 것도 포함됩니다. 우리는 아이들이 언제나 돌아올 수 있는 안전한 심리적 공간을 마련해 주고, 자신이 누군가에게는 그 무엇에도 비할 수 없는 귀한 가치를 가진 존재라는 것을 느낄 수 있도록 해주어야 합니다.

하와이 카우아이섬

하와이에는 카우아이섬이라는 조그마한 섬이 있습니다. 이 아름다운 섬은 지금은 관광지로서 많은 인기를 얻고 있지만 개발이 되기 전 섬의 많은 사람들이 가난과 질병으로 힘든 생활을 했다고 합니다. 이 섬의 많은 사람들이 정신적인 어려움을 겪고 있었고 도박이나 알코올 중독에 빠져 있었으며 범죄율이 높았으므로 많은 사회학자, 교육학자, 심리학자들은 왜 청소년들이 비행하는지, 범죄율이 높은 이유는 무엇인지를 이 섬에서 연구했습니다. 심리학자인 에미 위너(Emmy E. Werner) 교수는 종단연구로 아이들이 태어나서부터 성인이 될 때까지의 삶을 추적하였는데 이런 열악한 사회환경에도 불구하고 바르게 자라나는 아이들의 공통점을 발견하게 되었습니다. 연구 대상에는 경제적으로 어려운 환경에서 태어났으며 한부모 가정인 아이들도 많았고 부모가 모두 없거나, 있지만 부모로서 기능하지 않는 상태에서 자라난 사람들이 많았습니다. 일반적인 경우 이 아이들은 정신적으로 건강하지 못하거나 사회에 부적응적인 양상을 보일텐데 어떻게 잘 성장할 수 있었던 것일까요? 잘 성장한 아이들의 공통점은 바로 '한 사람의 믿음'이었습니다. 수많은 나쁜 조건들과 불리한 상황들 속에서 누군가의 믿음은 아이들이 건강하게 자랄 수 있는 방패가 되어 주었습니다. 이 연구는 회복탄력성의 바탕이 되는 연구로도 유명합니다. 안전기지가 된다는 것은 이런 큰 힘을 가집니다. 물리적으로 옆에 존재하지 않아도 누군가에게 받았던 깊은 존중과 신뢰, 사랑은 평생 나를 지켜 주는 방패가 됩니다.

 ## 스스로를 잘 돌보기

　제가 학교에 있으면서 발견한 좋은 부모관계를 유지하는 부모님들은 '감정이 안정적이고 지쳐 있지 않으며 삶에 작더라도 하나씩 생기가 있는, 스스로를 잘 지키는 학부모님'이었습니다. 왜 그런지 나름대로 생각해 보고 다음과 같은 답을 얻었습니다. 다산 정약용 선생의 『수오재기』라는 수필이 있습니다. 평소 정약용은 큰 형님이 집에 '수오재'라는 이름을 붙인 것에 의문을 가졌다 합니다. 수오재는 '나를 지키는 집'이라는 뜻인데 나는 나와 떨어질 수 없는 것으로 지키지 않는다 한들 어디로 가는 것도 아닌데 그 이름이 참 이상하다고 생각했다고 합니다. 이후 귀양을 가며 골똘히 생각해 보니 수오(나를 지킨다는 것)라는 것이 사실 가장 어려운 일이며 중요함을 깨달았다고 합니다. 그때에 그는 "천하만물 가운데 지킬 것이 하나도 없지만, 오직 나만은 지켜야 한다. … 오직 나라는 것만은 잘 달아나서, 드나드는 데 일정한 법칙이 없다. 서로 배반하지 못할 것 같다가도, 잠시 살피지 않으면 어디든지 못 가는 곳이 없다. 한번 가면 돌아올 줄을 몰라서, 붙잡아 만류할 수가 없다. 그러니 천하에 나보다 더 잃어버리기 쉬운 것은 없다." 라고 했습니다. 저는 부모가 부모로서의 역할을 지키는 것도 이것과 같다는 생각이 듭니다. 아이들을 키우면 다양한 순간과 마주합니다. 자식으로서의 나, 친구로서의 나, 배우자로서의 나, 직장인으로서의 나, 우리에게는 한 가지 모습만 있는 것이 아닙니다. 그럴 때마다 '부모로서의 나'를 지키는 것은 엄청난 인내와 수행을 요구합니다.

　간혹 내가 더 잘할 수 있는데 우리 아이에게 덜 해주는 것은 아닌지, 너무 힘들고 휴식이 절대적으로 필요하지만 쉬는 것이 이기적이라고 느껴질 때도 있습니다. 하지만 잠시나마 휴식을 취하는 것은 내가 부모로서 해야 하는 또는 할 수 있는 일들을 포기하는 것이 아닌 오히려 내가 할 수 있는 부모의 역할을 최상으로 끌어올리기 위한 지혜로운 전략이라고 생각합니다. 내가 느끼는 감정들, 생각들은 티내지 않아도 아이들에게 의식적, 무의식적으로 전달되기 때문입니다. 어떠한 상황이라도 좋은 부모가 되기 위해 스스로를 아끼고 잘 돌보세요. 할 수 있는 모든 것을 다 하는 것이 아이들에게 무조건 좋은 양육 환경을 만들어 주지는 않습니다. 부모가 된 내가 자기 자신을 지키지 못한다면 아이를 잘 도와주고 싶어도 결과적으로는 신체적·정서적으로 아이에게 부정적인 영향을 줄 수도 있습니다. 또 하나 필요하다고 생각되는 것은 나의 아이를 통해 부모로서의 나를 분석해 보는 것처럼 자녀로서의 나를 분석해 보는 시간입니다. 부모를 평가해 보라니 배덕한 감정이 들 수도 있겠지만 평가보다는 나의 경험을 떠올려 보는 것에 가깝겠습니다. 내가 경험했던 양육과 그에 대한 기억들을 떠올려 보며 내가 느꼈던 솔직한 감정들에 마주해 보세요. 과거의 경험, 정서가 현재의 양육 상황에 작용하고 있는 것을 느끼실 겁니다. 내가 가지지 못한 것을 아이에게 주고 싶어 하지만 아이는 그것이 필요 없을 수도 있습니다. 당신의 아이는 당신과 다른 사람이니까요. 나의 욕구가 강하면 정작 중요한 아이에게 어떤 일이 일어나고 있는지는 보이지 않게 됩니다. 어릴 적 엄격한 부모에게서 공부를 강요받은 부모는 아이가 기초학력에 도달하지 못해도 꼭 필요한 공부조차 그 필요성을 받아들이지 않으며 억지로 공부를 시키지 않겠다고 하기도 하고, 반대로 어릴 적 자녀의 공부에 무관심해 학원을 보내주지 않는 경험이 있는 부모는 아이를 과하게 학원에 보내기도 합니다. 내욕심이 나를 앞질러 상황을 제대로 보지 못하게 만들기 때문입니다. 이런 순간들이 장기간 지속된다면 아이를 행복하게 해주고 싶은 마음이 아닌 나의 욕심이 육아를 끌고 갈 수도 있습니다.

아이들에게 부모는 굉장히 소중한 존재입니다. 나에게 절망감을 주기도 하지만 그래도 대체될 수 없는 존재입니다. 가정에서 나는 부모로 역할하기 위해 부모로서 내가 가지고 있는 강점과 약점을 잘 생각하는 과정이 필요합니다. 내가 울 때 나의 부모가 벅차오르는 감정을 소화시켜 줄 수 있게 다독여 주거나 위로해 주지 않고 방치하였다면 나 또한 나의 자녀의 감정이 벅차올라 보일 때 어떻게 해야 할지 모를 수도 있습니다. 왜냐하면 나는 한 번도 나의 감정을 소화시키게끔 부모가 도와주지 않았기 때문에 나의 부모상에는 그러한 역할이 없기 때문입니다. 나의 부모가 나에게 항상 참게 했다면 나는 내 아이에게도 자연스럽게 많은 것을 참게 하는 교육을 할 가능성이 높습니다. 이것이 원가족에서부터 내려오는 유산, 되물림입니다. 아이들을 키우다 보면 아주 오래된 거울을 마주 보는 느낌이 들 때가 있습니다. 어떤 모습들은 익숙하고, 어떤 모습들은 낯설며, 어떤 모습은 나에게 힘을 주고, 어떤 모습들은 나의 상처를 건드립니다. 이런 등골이 서늘해지는 경험을 할 때마다 스스로의 부족함을 탓하게 되기도 합니다. 하지만 저는 그것이 부족함이라고 생각하지 않습니다. 우리는 항상 평탄하게 살아오며 승승장구한 사람보다 실패를 극복하고 성장한 사람들의 이야기를 더 좋아합니다. 어떠한 상황도 완벽한 것은 없고 모든 사람에게는 각자의 짐이 있습니다. 결핍이 없다고 생각하는 사람은 있어도 결핍이 없는 사람은 없습니다.

영화 '어벤져스'에서 제가 좋아하는 대사 중 하나로 '나는 마음속 어둠을 모르는 사람을 믿지 않는다(I don't trust a guy without a dark side).'라는 대사가 있습니다. 토니 스타크(아이언맨)가 한 대사인데요. 모든 사람에게는 어두운 면이 있다는 것과 그렇기 때문에 어두운 면이 없다고 주장하는 사람은 무언가를 숨기고 있거나 또는 알아차리려 하지 않고 있는 것이기 때문에 자신의 마음속에 어두운 면이 없다고 말하는 사람은 믿을 수 없다는 이야기입니다. 모든 사람은 결핍이 있습니다. 부족함이 있기에 그걸 채우기 위해 노력해 왔고 그 노력의 시간들이 지금의 당신을 만들었으니 그건 인간으로서 나의 부족함을 나타내지 않습니다. 결핍이 있는 사람들은 누군가의 상처에 훨씬 공감적입니다. 상처가 있기에 상처를 주지 않으려 노력하고 같은 상처가 있는 사람들에게는 희망이 됩니다. 당신은 당신의 방법으로 최선을 다하고 있으며 그런 사람들은 모두 부모가 될 자격이 충분합니다. 나는 나의 부모보다 더 좋은 부모가 될 수 있습니다. 우리는 어른이 되어 부모로부터 독립하고 혼자서 살아가는데 저는 이것을 스스로가 자신의 부모가 되어 주는 과정이라고 생각합니다. 내가 나에게 충분히 기능하는 부모가 되어 잘 챙겨 주고 행복하게 만들어 주며 좋은 것들을 제공하여 나를 지켜 주는 새로운 부모의 형상을 만든다면 당신의 아이에게는 내가 만들어 낸 좋은 부모에게서 배운 것들을 알려 줄 수 있습니다.

　최고의 부모가 되지 않아도 됩니다. 충분한 부모가 되기만 해도 아이들은 행복하게 자랄 수 있습니다. 당신은 존재 자체만으로 아이에게 가장 큰 것을 해주고 있습니다. 우리 아이에게 무엇이 부족한지를 찾는 것도 좋지만 나에게 여유 공간을 주고 잘 대해 줘서 내가 좋은 부모의 기능을 유지할 수 있도록 하는 것이 제일 중요합니다. 부모에게 중요한 건 일정하게 감정을 유지하고 일관된 올바른 양육 태도를 가지는 것으로 그 무엇보다 스스로를 잘 돌보아야 가능합니다.

질문과 함께 정리해 보는 우리 아이 학교생활

당신의 삶을 들여다봅시다. 당신의 원가족, 나의 부모님과 나는 어떤 관계를 맺었나요. 그렇게 나를 들여다본 후 나의 부모 역할에 대해 다시 한번 깊이 고민해 보도록 하겠습니다.

1. 내가 부모로서 잘하고 있는 것들

❀ 자녀가 좋아하는 반찬 기억하고 해주기, 일주일에 한 번씩은 꼭 놀러 나가기, 어떤 일이 있어도 아이 앞에서 부부싸움을 하지 않는 것, 칭찬을 하루에 한 번은 해주는 것, 자녀를 당연하게 여기지 않고 감사하게 생각하는 것, 자녀가 힘들다고 하면 들어 주려고 하는 것

아주 사소한 것도 좋습니다. 내가 잘하고 있는 것들을 최대한 많이 적어 보세요.

2. 나는 어떤 부모가 되고 싶나요?

❀ 자녀가 힘들 때 언제나 돌아올 수 있는 공간이 되어 주는 부모

- -

- -

- -

3. 그런 부모가 되기 위해 내가 가정에서 실천할 수 있는 일을 적어 봅시다.

❀ 한 달에 한 번은 자녀와 둘만의 시간을 보낸다, 자녀가 힘들다고 한 날은 자녀가 좋아하는 음식을 사 준다, 자기 전 자녀에게 감사의 말을 한마디 씩 한다…

- -

- -

- -

- -

신뢰를 만들어 내는 효과적인 훈육과 대화 방법

 어떤 훈육이 좋은 훈육일까?

아이들에게 가정이라는 곳이 단순히 주거공간이 아니라 자신이 쉴 수 있는 곳, 돌아올 수 있는 곳으로 기능하기 위해 어떤 것들이 필요한지에 대하여 이야기해 보았습니다. 우리 집이 누군가의 인내와 희생으로만 유지되고 있다면, 겉으로는 가정의 기능이 유지되고 있는 것처럼 보일 수는 있어도 가정의 핵심 역할인 휴식의 기능을 하는 공간이 될 수는 없을 것입니다. 감정에는 '냄새'가 있다고 합니다. 감추려고 해도 감출 수 없습니다. 우리 가정에도 냄새가 있습니다. 아무리 감추려 해도 가족은 서로의 감정을 자연스럽게 느끼게 됩니다. 말로 다 설명할 수 없는 분위기와 감정의 기류가 있지요. 부모가 함께 행복한 가정에서 아이는 저절로 그 행복의 냄새를 맡게됩니다. 아이를 위해 최선을 다하는 것도 중요하지만, 내가 아이를 위해 헌신하는 것만큼이나, 부모 스스로도 편안해지는 공간을 만들어 보세요. 가정이란, 우리 가족 모두가 쉴 수 있는 곳이어야 아이도 쉴 수 있다는 것을 다시 한번 이야기하고 싶었습니다. 다음으로는 부모님들이 항상 고민하는 훈육과 대화라는 주제로 이야기를 해보겠습니다.

상담사들 사이에는 "좋은 치료자는 좋은 양육자와 같은 역할을 한다."는 말이 있습니다. 저는 아직 부모는 아니지만, 학교 현장에서 수많은 아이들과 부모님을 만나 그들의 이야기, 여러 고민들을 듣다 보면 이 말에 자주 공감하게 됩니다. 아이를 키우는 '양육'과 '상담'이 생각보다 많은 공통점을 가지고 있을지도 모른다는 생각이 듭니다. 심리 치료사가 되기 위해서는 많은 공부와 그에 비하는 실습 기간을 보내야 합니다. 그럼에도 끝없이 배우고 계속해서 공부해야 하는 길이라, "천천히 거지가 되고 싶다면 상담을 배워 보라."는 우스갯소리도 있습니다. 하지만 기나긴 실습도, 어려운 감독을 받지 않았어도 부모는 아이의 치료사가 될 수 있습니다. 자녀에 한정된 이야기이긴 합니다만, 부모는 어떤 심리 치료사보다 더 뛰어난 치료자 역할을 해내는 경우가 많습니다. 발달심리학자이자 애착이론의 창시자인 볼비(Bowlby)는 부모와 애착을 통해 안전기지를 형성하는지가 이후 아이들의 대인관계와 정서적 안정감에 큰 영향을 준다고 하였습니다. (우리가 흔히 많이 들어 본 안정 애착유형, 불안정 애착유형이 여기에서 나왔습니다.) 자신의 저서 『A Secure Base(안전기지)』에서 상담자가 하는 역할은 부모가 아이에게 세상을 탐색할 수 있도록 안전기지를 제공하는 것과 유사하다고 이야기하며 안전기지의 중요성을 강조하기도 했지요. (정확히는 "상담 치료자의 역할은 엄마가 아이에게 세상을 탐색해 나갈 수 있도록 안전기지를 제공하는 것과 유사하다."라고 이야기했습니다.) 부모가 아이에게 안전기지 역할을 해주고 제대로 된 양육을 제공하는 것은 훌륭한 심리 치료사의 상담만큼이나 가치 있는 유의미한 일이라는 뜻이기도 합니다. 아이의 정서 상태가 걱정될 때 상담센터나 병원에 가는 것도 중요하지만 가정의 환경을 점검해 보는 것도 중요합니다. 이 모든 도움을 병행할 수 있다면 가장 바람직하겠지요. 아이들의 상담을 진행하며 어느 정도 목적이 달성되어 상담을 종결해도 좋겠다는 시점에 이를 때 부모님께 전화를 드립니다. 그러면 부모님들께서 "선생님, 정말 감사드립니다."라는 말씀을 하시곤 하는데 그러면 저도 이렇게 말씀드립니다. "이 변화는 그간 부모님들의 노력이 하나씩 쌓였기 때문에 가능했습니다. 고생 많으셨어요. 저야말로 감사드립니다." 훌륭한 치료사만큼이나 훌륭한 역할을 해내신 분들은 바로 부모님입니다. 많은 부모님을 만나면서 그분들이 얼마나 아이를 위해 고민하고 애쓰는지를 가까이에서 보았습니다. 부모님의 협력과 도움 없이는 아이들의 변화를 만들어 내기 어려웠을 것입니다. 그런데 좋은 영향만큼이나 부정적인 영향도 강하게 주는 것이 부모입니다. 아무리 아동이 강인하고 정신건강에 유리한 기질을 타고났으며 풍족하고 좋은 환경에서 자라났다고 할지라도 부모와의 물리적·심리적 독립을 통해서야 비로소 마음의 병이 낫는 케이스도 있습니다. 이렇게 부모의 존재는 자식에게 많은 영향을 미치기에 실제로도 부모 코칭을 통해 부모가 직접 아이들을 코칭하고 다루는 형태의 상담 프로그램들도 많이 생기고 있습니다. 교육 프로그램 또한 성행하고 있지요. 이런 프로그램들이 계속 수요가 있고 개발되는 이유는 많은 분들이 아이의 변화는 부모님의 변화와 함께 어우러져 나타난다는 것에 공감하기 때문이라고 생각합니다. 부모님의 긍정적인 변화는 아이의 긍정적인 변화에 큰 도움이 되지요. 요즘 부모님들은 심리서적, 상담서적, 양육서적을 많이 읽으셔서 상담 중에 관련된 전문 용어가 나오는 경우도 자주 있습니다. 어떻게 하면 우리 아이를 잘 키울 수 있을까 하는 진심이 저의 마음 깊숙이 전달됩니다. 그런데 여러 가지 양육법으로 혼란스러울 때가 생기기도 합니다. 어떤 때는 아이를 받아주어야 한다고 하고, 어떤 때는 단호하게 훈육해야 한다고 하는데 대체 그 '어떤 때'가 언제냐는 것입니다. 많이들 헷갈려 하십니다. 또한 너무 단호했던 건 아닌지 조금 더 유해져야 할지도 고민하시지요. 이번 장에서는 그와 관련된 이야기를 해보려고 합니다. 과연 언제는 훈육하고, 언제는 혼내지 않아야 할까? 정확하게 정해진 정답은 없지만, 함께 고민하며 자신만의 기준을 세워 나가는 것만으로도 아이에게 훨씬 안정적인 훈육을 제공할 수 있습니다. 앞서 우리는 양육관을 만드는 연습도 하였지요. 나의 양육관을 떠올리며 훈육에 대한 기준을 어떻게 잡고, 이끌어 나갈 수 있을지 함께 이야기해 보겠습니다.

먼저 질문 하나를 드리고 싶습니다.

'부모의 간섭은 화를 부른다.'

이 말에 대해서 어떻게 생각하시나요?

    맞는 것 같기도 하고, 그렇다고 잘못된 행동을 하는데 마음대로 하라고 그냥 둘 수도 없고. 어려운 질문에 자동으로 인상이 찌뿌려집니다. 어디까지가 간섭이고 어디까지가 훈육일까요? 제가 아이들과의 대화에서 경험하고 느꼈던 것들에 대해 먼저 이야기해 볼까 합니다. 저는 어떤 문제를 겪고 있는 아이들에게 "너는 변해야 해."라고 말해도 실제로 큰 효과가 없다는 것을 여러 차례 경험했습니다. 특히 큰 문제 상황 속에 있는 아이일수록 변해야 한다고 말하는 것이 오히려 저에 대한 반감만 쌓이게 하는, 관계만 나빠지는 악영향을 주는 듯한 느낌을 받았습니다. (그리고 대부분 사실이었습니다.) 아무리 부드럽게 표현해도, 아이들에게는 마치 "너희에게만 문제가 있고, 너만 바뀌면 세상이 괜찮아질 거야."라는 메시지로 들렸던 것 같습니다. 의도치 않았더라도 난감하기 이를 데가 없습니다. 이런 경우 변화는 사치이고 객관적인 상황을 인식하도록 돕는 것조차 어려워지지요. 후에 변증법적 행동치료(Dialectical Behavioral Therapy, DBT)에 대해 공부하며 당시 아이를 걱정하고 잘되기를 바라는 나의 마음이 왜 전달되지 않았던 것인지 깨닫게 되었습니다. 저의 진심이 전해지지 않은 아이들에게는 그 당시 변화할 힘이 없습니다. 자신의 잘못된 말과 행동으로 악순환의 고리에서 빠져나오지 못하고 있던 아이들은 혼란 속에 갇혀 있었습니다. 문제가 되는 말과 행동을 자주 했을수록, 오랫동안 문제가 반복되어 부정적인 결과가 고착된 상태라면 더욱 그러합니다. 그 아이가 하는 말과 행동이 현실 상황에서 얼마나 악영향을 끼치고 있는지와는 관계없이 지금 아이에게 필요한 것은 자기 자신의 모습을 인정하고 받아들여 주는 세계라는 걸 알게 되었습니다. 이것을 알게 되었을 때 '됐다! 이제 아이들을 받아들여 주는 공간을 충분히 제공할 수 있다면 많은 부분은 해결할 수 있을 거야!'라고 생각했지요. 물론, 아이를 받아들이는 것만으로 모든 문제가 해결되지는 않습니다. 뒤에 나오겠지만 결코 이것만으로 해결할 수는 없었지요. 하지만 '아이들을 억누르는 것이 아니라 스스로 이해하고 받아들일 수 있도록 도와야겠다!'라고 마음먹는 것은 매우 필요한 일이었습니다. 변화는 강요가 아닌 수용에서 시작되기 때문입니다. 어릴 적 보았던 해와 바람이라는 동화를 기억하시나요? 지나가는 나그네의 외투를 누가 먼저 벗길 수 있을지 해와 바람이 내기를 하였는데, 바람은 힘으로 억지로 외투를 벗기려 하지만 실패하여 외투를 더 움켜쥐게 만들고 햇살은 따뜻하게 비추며 자연스럽게 외투를 벗게 만들었다는 이야기입니다. 이 내기에서 바람이 아닌 해가 이긴 이유는 억지로 변화를 이끌어 내면 반발이 일어나기 마련이고 따뜻한 수용만이 자발적 변화를 이끌어 낼 수 있기 때문이겠지요. 하지만 수용에만 집중한 나머지 훈육의 핵심은 어떤 행동이 적절하고 왜 그런지 이해하게 하며 가르치는 훈련에 있다는 것을 잊고는 합니다. 무조건적인 수용만으로 우리는 아이들을 훈육할 수 있을까요? 결코 그렇지 않을 것입니다. 수용은 변화를 위한 출발선일 뿐, 변화를 위해서는 훈련과 인내의 시간들이 함께 따라와야 합니다. 적어도 집 밖으로 나오기만 해도 수용이 가득한 마법 같은, 따뜻한 세상은 사라집니다. 가정 안에서는 수용이 가능하지만, 바깥세상은 아이를 항상 따뜻하게 품어주지 않습니다. 그래서 우리는 수용과 함께, 아이가 세상과 부딪히는 힘도 길러 줘야 합니다.

학교는 단체생활의 공간이기에, 지켜야 할 규칙과 질서가 존재합니다. 그러다 보니 남들보다 충동성이 강하거나 자극을 추구하는 성향이 높은 일부 아이들에게는 학교가 마치 창살 없는 감옥처럼 느껴질 수 있습니다. 학교생활은 지켜야 하는 것들이 있기 때문에 다른 사람들에게 피해를 주지만 않으면 상관없다거나 하는 자유로운 환경이 아니지요. (학교의 규칙을 지키지 않는데 피해를 안 주는 경우는 드물긴 합니다.) 이곳에는 반드시 따라야 하는 틀이 있습니다. 사실 학교뿐만이 아닙니다. 앞으로 남아 있는 여러 가지 불편한 규칙이나 귀찮은 상황이 아이들을 기다리고 있지요. 인생에서 내가 원하는 상황만 일어날 수는 없기에 틀이 불편하다고 해서 모든 것을 거부하는 것 또는 나에게 유리하거나 편안한 환경만 찾는 것도 앞으로의 세상을 살아가는 데 있어 지혜로운 방법은 아닙니다.

그래서 우리는 아동을 수용함과 동시에 학교라는 현실적 틀 안에서 균형 있게 훈육할 필요가 있습니다. 이런 훈육을 위해서는 '수용'과 '변화' 사이에서 어떻게 균형을 잡아야 하는지에 대한 고민이 필요합니다. 공동체 안에서 자신을 스스로 조율하며 함께 살아가기 위한 방식을 익힐 수 있도록 하는 것이 진짜 훈육입니다. 변화에 초점을 둔 상담이 어떤 아이들에게는 별로 도움이 되지 않는다는 것을 느끼고 아이들 입장에서 생각해 보았습니다. 학교생활을 즐겁게 하기 위해서는 변화가 필요한데 아직 준비가 되지 않은 학생들에게 변화가 필요하다는 말은, 지금의 자신을 부정하라는 듯한 느낌을 줄 수도 있지 않을까 싶었습니다. '어떻게 하면 아이에게 변화에 대한 동기를 만들어 줄 수 있을까?'를 생각해 보았고 일단 지금의 모습을 수용해 보자는 생각이 들었습니다. 상담실에 방문한 아이는 재미있어 하고 만족도가 높아 보였지만, 결과적으로 상담실에서 잠깐 위로만 받았을 뿐 상담실을 나가면 늘 똑같은 상태로 돌아가는 듯 했습니다. 상담실을 나가는 그 모습이 다시 자신의 문제 속으로 돌아가는 모습처럼 보이기도 했죠. 학교생활에 활력을 불어넣어주는 그나마 재미있는 경험을 만들어 줬다는 점에서 의미가 없는 것은 아니지만 무언가가 부족하였습니다. 그래서 '이게 아닌가?' 싶어 어떤 날은 변화를 다그쳐 보기도 하고 또 응원이 필요한 날에는 수용하며 달래도 보았습니다. 상담의 과정에서 뚜렷하게 이거다 싶은 방향성을 찾지 못하였고, 아이에게 더 필요하다고 판단되는 것을 중심으로 수용과 변화를 왔다 갔다 하였습니다. 이러다 귀중한 시간만 지나가는 것은 아닌지 걱정하던 중 아이가 변화하는 것이 느껴졌습니다. 시간이 흐른 뒤에 알게 된 것이지만, 필요한 것은 변화와 수용 두 가지 모두였습니다. 달래도 보고 다그쳐도 보는 것, 그 두 가지가 적절한 비율로 이루어질 때 아이들은 점점 변화해 나갔습니다. DBT에서는 상담이 '변화'와 '수용'의 사이를 오가며 '왔다 갔다 춤을 추듯 움직인다'고 말합니다. 이 비유가 정말이지 너무나도 근사하게 들어맞는다고 생각합니다. 아이를 변화시키고 싶을 때는 먼저 수용을 하고 그 다음으로 현재 아이가 느끼고 있는 불편감에 대해 이야기 나누며, 인간 누구나 마음속 깊이 가지고 있는 더 나아지고 싶다는 욕망을 이끌어 올려야 합니다. 아이의 성격이나 상황에 따라 달래기를 해야 할지 다그치기를 해야 할지, 어떤 강도로 얼마나 해야 할지는 각기 다를 것입니다. 이 두 가지를 아이의 상태에 따라 절묘한 비율로 맞추어 활용하는 것이 중요했습니다. 훈육은 아이의 현재 기능을 중심으로 판단해야 합니다. 이 훈육이 아이에게 정말 도움이 되는 것인지, 유의미한 것인지를 생각해 보아야 합니다. 주의해야 할 점이라면 '오늘은 너무 말을 안 들으니 다그쳐야겠어!' 이렇게 훈육자의 기분에 따라 다그치거나 달래기를 활용하는 것이 아니라는 점입니다. 훈육자의 기분이 아니라, 아이의 현재 '수행 능력'과 얼마나 '기능'하고 있는지에 초점을 맞추어 장기적으로 좋은 방향으로 나아갈 수 있도록 다그치기와 달래기를 적절하게 활용해야 합니다. 그리고 다그치기와 달래기의 비율을 조절하는 섬세한 작업을 곁들여야 합니다. 이와 같은 과정에서 훈육자는 일희일비하지 않고 일관되고 반복적으로 훈육해야 한다는 점에서 인내심을 요하기도 합니다. 하지만 반드시 효과가 있을 것입니다. 또 한 가지 우리가 기억해야 할 것은 다그치기와 달래기를 할 때의 관점입니다. 너에게 문제가 있어서 변화하라는 것이 아니라 더 즐거운 삶을 위해서 무엇이 필요할지를 생각해 보자는 질문으로 바꾼다면 그 질문을 시작으로 아이들은 변화할 수 있습니다. 결국 변화는 누군가의 지시가 아니라 '더 나은 사람이 되고 싶다'는 내면의 동기에서 시작됩니다. 무엇이든 변화는 자기 자신으로부터 시작된다는 것을 기억하며, 아이들이 더 나은 나를 위해 노력하고 싶다고 생각하도록 만들어야 합니다. 훈육에 대해 생각하다 보면 이런 궁금증이 들 수 있습니다. "학교에서의 훈육과 가정에서의 훈육은 무엇이 다를까?" 동시에 "학교랑 가정에서 서로 다르게 훈육한다면 무엇이 우선되어야 하는 것이지?", "학교에서 훈육을 진행한다면, 오히려 가정에서는 따로 훈육을 하지 않는 것이 덜 혼란스럽지 않을까?" 하는 생각이 들 수도 있습니다. 저는 항상 학생과의 상담 과정에서 부모님이 개입하길 원했습니다. 예를 들어, 학교에서 변화에 대해 강조하고 있다면 가정에서는 아이에게 따뜻한 수용을 제공해 주고, 반대로 학교에서 아이가 학교생활에 긍정적인 감정을 가질 수 있도록 수용을 강조하고 있다면 가정에서는 변화에 대한 동기를 북돋아주는 식으로 상호보완적인 힘을 만들어 낼 수 있기 때문입니다. 물론 상황에 따라 강력한 변화가 요구되는 경우 학교와 가정 모두 변화에 초점을 맞춰야 할 수 있습니다. 핵심은 학교와 가정이 긴밀하게 소통하며 하나의 협력체로서 기능하는 것이지요. 학교, 가정 그리고 아이. 이 세 주체가 함께 노력할 때 진정 효과적인 학교 적응에 대한 도움을 줄 수 있습니다. 학령기 아동의 훈육은 가정과 학교의 협력 속에서 함께 작동합니다. 저는 이것을 제가 참여했던 자문회의, 강의, 모든 자리에서 항상 강조해 왔습니다. 학교의 상황마다 필요한 상담이 다른 터라 모든 학교에 적용할 수 있다고 확신을 가지고 말하기는 어려웠지만 문제 상황을 겪고 있는 많은 아이들의 상황을 개선시키는 것을 직접 보았습니다. DBT 치료는 특히 성격적 어려움 그리고 자해, 자살 충동을 가지고 있는 사람들을 위해 개발되었습니다. 하지만 DBT에서 다루고 있는 내용들은 대부분 사람들의 전반적 삶에 충분히 활용할 수 있는 방법들을 제시하고 있습니다. 혹시 문제 상황을 겪고 있는 아이와 대화가 어렵거나 항상 화를 내는 것으로 마무리가 된다면 수용과 변화의 아슬아슬한 줄다리기 상황에서 아이가 변화의 힘을 찾을 수 있도록 도와주어야 함을 기억해 봅시다.

 변화를 만들어 내는 효과적인 훈육

어떤 훈육 방법이 효과적일까요? 이 이야기를 하기 위해서는 훈육의 기저에 무엇이 있는지를 이해해야 합니다. 훈육은 '의도하에 특정한 행동이나 품성을 갖도록 인도하는 것'을 의미합니다. 즉, 아이가 바람직한 방향으로 나아가도록 돕는 과정입니다. 아이들을 무엇으로 이끌기 위해서는 항상 '동기'가 필요합니다. 동기는 크게 두 가지로 나눌 수 있습니다. 외부에 의해 유발되는 '외적 동기'와 내부에 의해 유발되는 '내적 동기'입니다. 좀 더 풀어서 설명해 보자면 칭찬이나 보상, 누군가의 기대와 같이 외부 요인에 의해 행동하게 되는 것이 외적 동기, 스스로 의미를 느끼며 즐거움이나 자신의 신념 또는 가치를 위해 행동하는 것이 내적 동기라고 이해할 수 있습니다. "남 좋으라고 공부하는 거야? 다 너 좋으라고 하는 거야!" 공부할 때 많이들 말씀하시지요? 다른 사람을 만족시키거나 기쁘게 하기 위해서 하는 공부는 외적 동기, 외부 보상 없이도 지속되는 마음으로 하고 싶어서 하는 공부는 내적 동기라고 볼 수 있습니다. 변화를 위해서 특히나 필요한 동기는 내적 동기입니다. 하지만 처음부터 내적 동기를 만들어 내는 것은 어렵습니다. "나 좋으라고 하는 거 아닌데? 엄마가 시켜서 하는 거잖아! 나는 하기 싫어!" 아이가 이렇게 대답한다면 아직 내적 동기가 만들어지지 않은 상태입니다. 진정한 변화는 내적 동기에서 나타나지만, 변화의 시작은 외적 동기에서 출발하기도 합니다. 외부의 동기를 통해 행동의 변화가 시작될 수 있도록 자극할 수 있습니다. 처음에는 무언가를 바라서 시작했던 일이 나중에는 그 자체가 의미 있는, 즐거워지는 일로 만들어 주는 것이 핵심입니다. 그래서 아직 내적 동기가 생기지 않은 아이들에게 때로는 외적 동기를 통해 흥미를 이끌어 내고 점차 행동의 의미를 내면화하며 내적 동기로 동기가 옮겨갈 수 있도록 도와주어야 합니다. 행동을 변화시키기 위해 사용하는 외적 동기의 도구로 우리는 '강화'와 '처벌'을 사용합니다. 강화는 행동의 빈도를 높이는 것이고 처벌은 행동의 빈도를 낮추도록 합니다. 따라서 강화는 권장되는 행동에, 처벌은 권장되지 않는 행동에 사용한다고 할 수 있겠습니다. 좀 더 자세히 이야기해 볼까요?

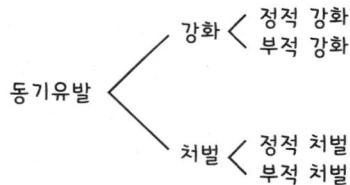

강화는 어떤 행동의 빈도를 높이기 위한 것으로, 훈육에서는 바람직한 행동에 대해 아이들이 좋아하는 걸 주거나 싫어하는 것을 없애줌으로써 가능합니다. 특정한 행동을 할 확률을 높이는 것으로 바람직한 행동 직후 아이가 좋아하는 보상(칭찬, 장난감, 게임시간, 자유시간 등)을 제공하여 보상물을 얻는 즐거움으로 행동의 빈도를 높이는 '정적 강화'와 아이가 싫어하는 것(잔소리, 숙제, 청소시간 등)을 없애 주어 싫어하는 것을 피하는 즐거움으로 행동의 빈도를 높이는 '부적 강화'가 있습니다. 처벌 또한 두 가지로 나누어 볼 수 있습니다. 처벌은 특정 행동의 빈도를 줄이기 위한 방법으로, 바람직하지 못한 행동에 대해 아이가 싫어하는 걸 주거나 좋아하는 것을 없애는 방식으로 나타납니다. 아이들이 하면 안 되는 행동을 했을 때 아이들이 싫어하는 자극(잔소리, 숙제, 청소시간)을 제시하는 '정적 처벌'과 아이들이 하면 안 되는 행동을 했을 때 아이들이 좋아하는 자극(칭찬, 장난감, 게임시간, 자유시간 등)을 없애는 '부적 처벌'로 나누어 볼 수 있습니다. 여러 가지 개념이 나와서 복잡하실 수도 있겠습니다. 예시들과 함께 다시 한 번 구분해 볼까요? "이번에는 떼쓰지 않고 잘 참았으니까 칭찬해 줄게!"는 칭찬이라는 즐거운 쾌락을 주는 경험을 통해 감정조절의 빈도를 높이는 정적 강화, "방청소를 시작하면 엄마가 잔소리를 안 하게 될 거야."는 잔소리라는 즐겁지 않은 경험을 제거하여 청소라는 행동의 빈도를 높이는 부적 강화에 해당이 됩니다. "엄마, 아빠와의 약속을 어겼으니 일주일간 설거지를 담당해."는 약속을 어기는 행위를 줄이기 위해 싫어하는 행위를 시키는 것으로 정적 처벌에 해당이 되며, "숙제를 다 하지 못했으니 게임시간은 없어!"는 숙제를 하지 않는 행위를 줄이기 위해 좋아하는 것을 빼앗는 부적 처벌에 해당됩니다. 조금 더 이해가 되셨다면 좋겠습니다. 사실 완벽하게 구분하는 것을 연습할 필요는 없습니다. 우리의 목표는 시험을 치는 것이 아니라 효과적인 훈육에 대해서 배우고 생각해 보는 것이니까요. 기본적인 내용을 이해하는 것으로 충분합니다. 강화와 처벌 중 행동 교정에 더 유리한 것은 무엇일까요? 바로 강화입니다. 강화는 행동의 빈도를 높일 수 있도록 무언가를 추가로 주거나 어떤 것을 빼앗는 것이죠. 그렇다면 같은 '자유시간'이라는 자극이라도 훈육의 효과가 다를 수 있다는 이야기일까요? 네, 맞습니다. 바람직한 행동을 해서 자유시간을 주는 것(강화)과 바람직하지 못한 행동을 해서 자유시간을 뺏는 것(처벌)은 다른 훈육 효과를 가집니다. 같은 자극이라도 그 맥락에 따라 다른 효과를 낳을 수 있습니다. 강화가 처벌보다 더 효과적인 이유는 첫째로 강화는 어떻게 행동해야 하는지를 알려 주기 때문입니다. 강화는 무엇을 해야 하는지를 알려 주지만 처벌은 단지 하지 말아야 할 것을 알려 주기 때문에, 해야 하는 행동을 따로 가르치는 과정이 있어야 합니다. 둘째로 강화 중심의 훈육은 훈육자와 아동 간에 긍정적인 관계를 형성하고 좋은 행동이 유지될 수 있도록 만듭니다. 처벌은 잘못된 행동의 빈도를 줄일 수 있지만 처벌이 사라지거나 훈육자가 보이지 않는 경우 다시 잘못된 행동을 하는 경우가 많습니다. 그래서 아이들이 거짓말을 하거나 속임수를 쓰고 싶게 만듭니다. 처벌만을 계속해서 훈육의 방법으로 사용하다 보면 훈육자와 아이가 서로를 신뢰하지 못하게 될 수도 있습니다. 셋째로 이 모든 장점들로 인해 강화는 권장되는 행동의 빈도를 높여 주기 때문에 좋은 행동을 지속적으로 할 수 있도록 도와줍니다. 그래서 우리는 강화와 처벌이라는 선택지가 있을 때 이왕이면 강화를 활용한 훈육을 하는 것이 좋습니다. 아이들을 잘 관찰하다가 좋은 행동이 하나라도 나온다면 그것을 강화해 나가면 됩니다. 하지만 그렇다고 처벌이 반드시 나쁜 것은 아닙니다. 처벌이 강화보다 필요한 경우도 있습니다. 예를 들면 단기간에 행동을 변화시키기 위해서는 강화보다는 처벌이 더 유리합니다. 따라서 강경한 대처가 필요하거나 빠른 행동의 변화가 필요한 경우 처벌을 활용할 수 있겠지요. 또한 처벌을 활용한 훈육 중 효과적이라고 알려진, 많이 쓰이고 있는 타임아웃(time-out)도 존재합니다. 미국 드라마를 보다보면 "You are grounded!(넌 외출금지야!)"를 자주 사용하고 번외편으로 "Go to your room!(방으로 들어가!)"도 존재합니다. 이 두 표현 모두 타임아웃을 활용한 훈육입니다. 우리는 타임아웃이라고 하면 생각하는 의자에 앉게 하는 모습을 많이 떠올리는데 사실 꼭 의자일 필요는 없습니다. 때로는 생각하는 텐트나 방, 집과 같이 다른 공간일 수 있지요. 다만 타임아웃의 핵심적인 부분들은 지켜야 합니다. 타임아웃이 즐겁고 신나는 시간이 되면 안 된다는 것이지요. 그래서 방에 혼자 있고 싶어 하는 아이에게 "방에 들어가서 생각해!"라는 타임아웃을 처벌로 주어서는 안 됩니다. 이 경우 타임아웃이 아이에게 부정적인 경험이 아니라 오히려 즐거운 경험이 되어 버리기 때문에, 처벌로 작용하는 것이 아니라 강화로 작용하게 됩니다. 그렇게 되면 아이는 오히려 타임아웃을 가지기 위해 부모님에게 반항하거나 규칙을 어기는 행동을 반복할 수 있어, 훈육자가 원하는 것과는 정반대의 결과를 낳게 됩니다. 그럼에도 타임아웃은 간단하면서도 강력한 힘을 가지고 있어 많은 부모님들이 관심을 가지고 활용하는 훈육 방법입니다. 특히, 정서조절 공간을 잘 마련해 준다면 아이들에게 스스로 성찰하고 마음을 가다듬을 수 있는 방법도 알려 줄 수 있습니다. 아이가 타임아웃의 공간에서 혼자 보내는 시간이 즐겁다면 처벌의 효과가 전혀 없으므로 컴퓨터, 태블릿, 스마트폰 등 즐거운 경험을 유발할 수 있는 요소들은 모두 제거된 상태에서 진행되어야 합니다. 타임아웃은 훈육자와 아동 사이에 큰 갈등 없이 훈육할 수 있다는 점에서 장점을 가집니다. 또한 감정을 가라앉히고 스스로를 돌아볼 수 있는 시간을 준다는 점에서도 큰 강점이 있지요. 한국에서는 훈육으로 잔소리를 많이 택하지만 이렇게 아이들에게 감정을 조절할 수 있는 시간을 준다면 아이들은 스스로의 행동을 돌아보며 성장할 수 있습니다. 누군가의 말로 깨닫게 되는 것과 스스로 깨달음을 얻는 것의 효과는 다릅니다. 하지만 타임아웃이 실질적인 효과를 가지기 위해서는 한두 번으로 끝내는 것이 아니라 지속적으로 활용하고, 단순히 격리시키는 것에 그치지 않고 타임아웃을 끝낼 때 아이와 함께 성찰에 대해 이야기를 나누어 보는 것이 필요합니다. 대화를 통해 아이가 자신의 행동을 돌아볼 수 있도록 도와주어야 합니다. 지금 당장 이야기를 할 준비가 안 된 아이들, 감정조절이 어려운 아이들에게는 상황을 악화시키는 잔소리보다 성찰의 시간을 주는 타임아웃이 효과적일 수 있습니다. 처벌을 적절하게 사용한다면 아이들을 더 바른 길로 빠르게 이끌 수 있습니다. 아이에게 처벌을 활용하여 훈육할 때 고려해 봐야 하는 점 세 가지를 정리해 보겠습니다. 첫째로 이것이 아이에게 도움이 되는 처벌로 작용하는지입니다. 처벌이 아이에게 강화로 작용하고 있지는 않은지 살펴보세요. 원하던 효과가 나타나지 않거나 의도와 반대로 나타나고 있다면 제대로 작동하지 않고 있는 것이니 훈육의 방법을 수정하는 시간이 필요합니다. 둘째로 일관되게 적용되어야 한다는 것입니다. 아이의 행동에 참다가 화가 나서 또는 훈육자의 기분으로 인하여 하는 처벌은 아이에게 교육적인 의미를 주지 못하고 "하필 운이 없게 걸렸다."든가 "어떻게 하면 이 시간이 지나갈까?"를 생각하게 만듭니다. 매번 처벌할 수 없는 일이라면, 훈육자의 기준이 높은 것은 아닌지, 아이에게 적용하기에는 아직 준비가 안 된 건 아닌지 고민이 필요할 것 같습니다. 셋째로 처벌은 종료 후 반드시 성찰적 대화가 동반되어야 한다는 것입니다. 단순히 고통의 시간이 아닌 의미 있는 좋은 아픔이 될 수 있도록 이야기를 나누어 훈육의 의미를 전달해 주어야 합니다. 처벌은 훈육자와 아동 사이에 부정적인 감정을 남기기도 하는데 이런 대화는 부정적 관계가 되지 않도록 관계 회복을 도와주기도 합니다.

이어서 효과적인 훈육 방법을 소개해 보겠습니다. 모두 다른 훈육 방법들인 것 같지만 행동수정의 원리에 기반하고 있다는 것은 같습니다. 빈도를 높이고 싶은 긍정적인 행동에는 강화를 제공하고, 빈도를 낮추고 싶은 부정적인 행동에는 처벌을 주는 것입니다. 하지만 처벌은 아동과의 관계에 좋지 못한 영향을 줄 수도 있어 훈육자와 아동 간의 신뢰관계가 형성된 다음에 사용해야 합니다. 또한 어떤 기법을 사용하든 일관성과 지속성을 가지는 것이 중요합니다. 그렇기에 칭찬을 할 때나 벌을 줄 때에도 부모 간 의논을 통해 하나의 방향성으로 함께 신중하게 결정하고, 일관되고 지속적으로 활용해야 합니다.

1) 적극적 무관심

이 훈육 방법은 아동의 부정적인 행동에 반응을 보이지 않음으로써 부정적인 행동의 강화 요소를 제거하는 방법입니다. 특히 관심을 끌기 위해 부정적인 행동을 하는 아이에게 효과가 있습니다. 예를 들어 원하는 것을 들어줄 때까지 칭얼거리는 아이, 자신이 게임에서 지면 울면서 소리를 지르는 아이 등 자신이 속상하거나, 화가 났다는 것을 보여 주기 위해 부정적인 행동을 과장되게 하는 아이들을 말합니다. 소리 지르는 것이 시끄러워서 아이들의 요구를 들어주면 마음대로 되지 않을 때 소리 지르는 행동이 강화됩니다. 자연스럽게 "아, 앞으로도 원하는 게 생기면 소리를 질러야겠어. 그러면 부탁을 들어주는구나!"라고 학습하게 되지요. 따라서 이러한 부정적인 행동으로는 원하는 관심을 얻지 못한다는 것을 확실하게 보여 주는 것이 중요합니다. 물론 아이가 위험하거나 공격적인 행동을 하면 무관심으로 훈육해서는 안 됩니다. 몇 가지 중요한 규칙들을 어기게 되면 무시하지 말고 즉각 그 행동을 강제적으로라도 중단하도록 개입해야 합니다. 하지만 그 외의 행동들, 경미하다고 여겨지는 문제 행동들에 대해서는 적극적 무시를 활용한다면 아이에게 계속된 지적으로 인해 생기는 스트레스를 주지 않으면서도 훈육이 가능합니다. 간혹, 무관심의 직후 긍정적인 행동이 나올 때 즉시 관심을 가지며 칭찬해 준다면 더욱 효과가 강해집니다. 적극적 무관심을 위해서는 아이의 작은 행동에도 관심을 가지고 추적하는 자세가 필요합니다.

2) ACT행동제한(Acknowledge, Communicate, Target acceptable alternatives)

이 훈육 방법은 훈육을 위해 많은 교육자들이 즐겨 사용하는 인기 많은 방법이기도 합니다. ACT의 가장 큰 특징은 제한 설정과 함께 대안 행동을 탐색한다는 점입니다. 자세히 살펴볼까요? ACT는 크게 Acknowledge(감정 읽기), Communicate(제한 설정), Target acceptable alternatives(대안 행동 탐색)의 3단계로 이루어져 있습니다. 감정 읽기 단계에서는 아이가 느낀 감정을 살펴보고 수용합니다. 이때 주의할 점은 아동의 감정을 읽어 주는 것이지 아이의 잘못이 타당하다고 인정해 주는 것이 아니라는 점입니다. 예를 들어, 만약 아이가 친구와 놀다가 화가 나서 친구를 때린 상황에서 아이의 감정을 읽어 주려다가 "그래, 너무 화가 나면 때릴 수도 있지." 등의 과도한 수용은 오히려 훈육에 나쁜 영향을 줍니다. 아이의 입장에서 무조건적으로 공감하는 것이 아니라 감정을 알려 줘야 하는 것을 기억해야 합니다. '화가 나면 때릴 수 있다'가 아닌 '화가 나서 때렸다'는 화남에 대한 감정을 아이에게 읽어 주는 것입니다. 다음으로 제한 설정의 단계입니다. 이 단계에서는 해도 되는 행동과 안 되는 행동의 기준을 알려 주는 것이 중요합니다. "우리는 화가 났다고 해서 친구의 몸에 손을 대서는 안 돼." 또는 "화가 났다고 해서 원하는 대로 해도 된다는 건 아니야."와 같이 단호하게 이야기해야 합니다. 하지만 아이에게 화를 내거나 원망하듯이 감정을 실어서 이야기하는 것은 도움이 되지 않습니다. 훈육을 할 때 아이가 너무 긴장 또는 무서움을 느끼게 되면 정작 중요한 훈육의 내용에 집중할 수 없기 때문입니다. 아이가 듣고 있지 않은 상태에서의 훈육은 의미 없는 잔소리에 불과합니다. 아이들이 제대로 생각하고 귀 기울일 수 있는 상태에서 훈육이 이루어지도록 해야 합니다. 만약 아이가 듣지 못하는 상태라면 들을 수 있는 상태가 될 때까지 기다려 주세요.

　이번 장을 시작하며 제가 던졌던 질문을 기억하고 계신가요? '부모의 간섭은 화를 부른다.'라는 말에 대해 어떻게 생각하는지를 물어봤습니다. 같은 행동도 그것이 아이에게 어떻게 전달되느냐에 따라 부정적인 간섭이 될 수도, 훈육이 될 수도 있습니다. 나의 간섭이 훈육이 될지는 결국 내가 어떤 이유로, 얼마나 꾸준하게, 무슨 의미를 가지고 전달하느냐에 따라 달라집니다. 하버드 대학의 심리학과 교수인 앨랜 랭어는 사고방식을 유연하게 가지는 것이 더 높은 창의성, 건강, 행복과 연결된다고 하였습니다. 즉 인지적 유연성이 우리 삶에 더 높은 만족감을 준다는 것이죠. 반대로 고정된 사고의 틀에 갇히게 되면 삶의 만족도는 더 낮아집니다. 아이들을 훈육하기 전 혹시 내가 인지적 틀에 갇혀 나의 생각과 방식으로만 아이를 결정하고 있지는 않은지 되물어 보세요. 그리고 효과적인 훈육을 위해 아래의 두 가지를 기억하세요. 첫째, 아이의 행동을 지적하고 싶을 때는 한 가지에 집중해서 해야 합니다. 아무리 맞는 말이라도 한 번에 여러 가지를 지적하면 아이는 지치게 되고 방어적으로 변하게 됩니다. 특히 아이에게 수정해야 할 행동이 많다면, 우선순위를 정해서 하나씩 살펴보는 것도 좋은 방법입니다. 아이의 생활이 훈육으로만 가득해진다면 자신이 어디에서 잘못하지는 않았을지 불안과 긴장 속에서 일상을 보내게 됩니다. 이러한 훈육은 단기간에는 아이에게 도움이 되더라도 장기간으로 바라보면 좋지 않은 영향을 미칩니다. 둘째, 긍정적인 행동을 했을 때는 혼낼 때만큼이나 확실하게 칭찬해 주는 것입니다. 많은 부모님들이 잘못했을 때는 엄하게 혼내지만 잘했을 때는 아무 말 없이 넘어갑니다. 또는 간단하게 "잘했어."라며 흘리듯이 이야기를 하지요. 하지만 긍정적인 행동을 구체적으로 짚어 주고 관심을 주는 것이야말로 행동을 수정할 수 있는 강력한 방법입니다. 혼낼 때만큼이나 또는 그보다 더 분명히 말해 주세요. "방금 전에 한 행동 너무 잘했어. 네가 잘 조절하는 모습이 정말 멋졌어." 결국 훈육은 아이의 존재를 긍정하는 과정입니다.

신뢰를 만들어 내는 효과적인 대화 방법

　학교에 적응해야 하는 것은 아이들뿐만 아니라 부모님도 마찬가지입니다. 부모님도 이제 학부모님으로 새롭게 적응해 나가야 합니다. 점점 아이 혼자서 할 수 있게끔 도와주어야 하지요. 처음 받아 보는 취학통지서 그리고 예비소집. 아이를 학교에 보내기 전 부모는 많은 불안을 느끼게 됩니다. 이런 불안은 자연스러운 감정이지만, 스스로 불안감을 잘 다스리는 것 또한 굉장히 중요합니다. 특히 학교에 보내고 난 후 아이에 대한 걱정이 급격히 늘어나는데 걱정을 지나치게 확대해서는 안 됩니다. 도움이 되지 않는 걱정들은 과감하게 내려놓는 것이 아이의 긍정적인 학교생활에 큰 도움이 됩니다. '아이들은 가만히 두면 알아서 잘 자란다.'라는 말은 맞기도 하고 틀리기도 합니다. 아이들은 분명히 스스로 성장하는 힘을 가지고 있지만 부모님의 지지와 안정된 환경이 뒷받침될 때 더욱 건강하게 자라날 수 있습니다. 아이를 지지해 줄 수 있는 대화는 어떤 대화일까요? 아이들과 학교생활에 대해 이야기를 나눌 때, 아이의 자율성을 존중하며 대화한다면 아이의 자율성은 길러 주고 안정감 있게 학교생활을 할 수 있습니다. 이번 장에서는 자율성을 존중하며 아이를 도와줄 수 있는 대화 방법에 대해 다루어 보겠습니다.

1) 대화를 위한 점검

대화에도 준비가 필요합니다. 대화를 할 준비가 되었는지를 확인하기 위해서는 우선 아이와 나 사이에 신뢰관계가 잘 갖추어져 있는지를 살펴볼 필요가 있습니다. 신뢰는 모든 관계의 기본이자, 소통의 출발점입니다. 현재 아이와 나의 신뢰관계가 형성되어 있지 않고 긍정적이지 못한 관계를 맺고 있다면, 우선 신뢰관계를 맺고 긍정적인 애착관계를 가지는 것이 선행되어야 합니다. 이런 경우, 놀이를 통해 관계 맺는 것을 시도해 보면 좋습니다. 재미있는 놀이는 아이를 웃게 하고, 나와 아이 사이에 정서적 유대감을 만들어 줍니다. 놀이 속 소통을 통해 조금씩 대화의 물꼬를 트고 또 주기적으로 놀이를 하며 함께 시간을 보내는 문화를 만들 수도 있겠지요. 아이와 긍정적인 관계를 쌓는 것은 하루아침에 이루어지지 않습니다. 매일 조금씩 즐거운 경험들이 쌓여 추억이 되고 그 긍정적인 경험들이 신뢰로 이어지는 것입니다. 요즘은 재미있는 보드게임을 빌려주는 곳도 많고, 일일 체험 활동들도 많습니다. 대화가 아직 어려운 단계라면 신뢰감과 애착 그리고 좋은 관계를 만들 수 있도록 가벼운 놀이 활동부터 먼저 시도해 보세요. 저는 개인적으로 보드게임을 추천합니다. 저 또한 저학년 친구들과 보드게임을 이용한 상담을 많이 합니다. 긍정적인 관계를 만들기 위해서라면 규칙이 복잡하고 서로 뺏고 빼앗는 게임보다는 함께 협력해서 문제를 풀거나 탈출하는 게임들이 적합합니다. 즉, 경쟁이 중심이 되는 게임보다는 협동형 게임이 적합합니다. 선택할 수 있다면 아이와 경쟁하는 것이 아니라 팀으로 즐길 수 있는 게임이 좋겠지요. 만약 경쟁하는 게임을 한다면 일부러 져 줄 필요는 없지만 아이의 기분을 상하게 하거나 같이 게임을 했던 경험이 적어도 부정적인 기억으로 남는 것은 피해야 합니다. 관심이 있으시다면 '협동 게임'이나 '협력 보드게임'으로 찾아보세요. 많은 정보를 얻을 수 있을 것입니다.

2) 어떤 대화 방법이 좋을까?

많은 부모님이 '친구 같은 부모'에 대한 로망이 있습니다. 부모와 자녀가 재미있고 즐겁게 대화할 수 있다면 분명 좋은 일일 것입니다. 하지만 간혹 이것을 부모와 자녀 간의 대화에서 제일 중요한 점으로 오해하는 경우도 있습니다. 정말 친구와 있는 것처럼 재미있는, 예를 들어 장난이나 놀리는 것을 대화를 잘하는 것으로 이해할 수 있는데 그것이 대화의 핵심적인 부분은 아닙니다. 부모-자녀가 대화를 나눌 때 부모가 해야 할 중요한 것은 아이의 감정과 반응에 귀 기울이는 것입니다. 이것이 즐거운 대화로 이어지면 제일 좋겠지만 우선시되어야 하는 것은 아이의 감정이나 발달적 특성을 고려하며, 아이와 친근하게 지내지만 감정을 존중하는 대화입니다. 그런 대화는 어떤 성격을 가지고 있을까요? 첫 번째로, 비타당화하지 않는 대화입니다. 비타당화란, 상대의 감정이나 생각을 타당하지 않다고 여기는 반응으로 우리는 상대로부터 비타당화를 당하면 나의 감정이 부정되는, 나아가 나의 존재를 부정하는 듯한 느낌을 받게 됩니다. 부모는 아이를 바르게 교육하는 존재입니다. 그렇다 보니 계속해서 아이들의 말이나 생각을 수정하려는 행동을 취하곤 하는데 이러한 행동들은 아이들로 하여금 '나는 부모에게 부족한 존재'라는 느낌이나 부정당하는 듯한 기분을 갖게 만들 수도 있습니다. 이런 대화가 이어지게 된다면 아이는 "어차피 말해 봐야 혼나거나 무시당할 거야.", "내가 힘들다는데 왜 아무도 들어 주지 않는 거지?"라는 생각이 들 수도 있습니다. 따라서 교육자 역할로서의 부모도 필요하지만 지지자로서의 부모도 중요합니다. 아이를 지지하는 부모는 기본적으로는 아이를 미숙하거나 가르쳐야 하는 존재로 보는 것이 아닌 존중과 공감의 태도로 대화를 나누고 감정을 무시한 대화는 삼갑니다. 비타당화를 하지 않는 대화를 할 때 조심해야 하는 것은 아이의 무슨 행동이든 수용하는 것이 아니라는 점입니다. 비타당화를 하지 않지만 잘못되거나 틀린 것들에 대해서는 훈육을 해야 합니다. 이를 위해서 틀린 것은 단호하고 엄하게 바로 가르치지만, 아이가 느끼는 감정의 자율성을 존중하고 틀린 것으로 만들지 않는 것이 필요합니다. 바로잡고 싶은 아이의 생각이 있다면 먼저 아이의 감정을 읽어 주고 "그래, 네가 그렇게 느낄 수도 있어."라고 조언을 제시합니다. 예를 들어 상황에 따라 "그런데, 그렇게 생각하는 건 너무 걱정을 많이 한 것 같아. 엄마는 그 일이 그렇게 나쁘게 되지는 않을 것 같아." 또는 "하지만 우리가 속상하다고 해서 원하는 일을 전부할 수 있는 건 아니야. 그건 어쩔 수 없는 일이기 때문에 네가 이해를 해야 해. 만약 다음에도 그런 일이 생긴다면 어떻게 하면 지금보다 덜 속상할지에 대해서 같이 생각해 보자."라고 이야기할 수 있습니다. 아이의 감정은 수용하고 존중하지만 행동에 대해서는 명확한 기준을 세워 준다면 아이가 느끼는 감정을 비타당화하지 않으면서도 훈육적인 대화를 할 수 있습니다. 두 번째, 문제 해결 중심의 잦은 조언을 하지 않는 것입니다. 해결 방법을 제시하기보다는 아이가 사회적 상황을 이해하고 스스로 결정할 수 있도록 해야 합니다. 부모님들은 아이들과 대화를 나누다 보면 아이의 문제를 해결해 주고 싶어 합니다. 이 문제를 부모된 도리로 올바른 해결로 이끌어 주어야 할 것 같아 자꾸 조언을 하거나 아이들이 감추고 싶은 문제를 세세하게 물어보기도 합니다. 하지만 아이들 입장에서는 더 이상 대화를 나누기 꺼려지는 이유가 되기도 합니다. 문제 해결은 결국 아이가 스스로 주도권을 가지고 해야 함을 기억해야 합니다. 따라서 아이들에게 조언을 하고 싶을 때에도 무조건적인 해결책이 아닌 과정에 중심을 둔 조언을 통해 주도권은 아이가 계속해서 가지고 있지만 부모와 함께 문제를 풀어 나간다는 느낌을 받을 수 있도록 해야 합니다. 모든 대화는 존중과 공감을 바탕으로 아이가 상황을 이해하고 문제를 고민하는 과정을 함께 할 수 있도록 해주세요. 또한 문제 해결에 대해 함께 이야기를 나눈 후 아이가 해결을 위해 노력하고 있을 때에는 지켜보는 시간이 필요합니다. "내가 해결하는 게 더 빠르지 않을까?" 하는 생각에 참견하고 싶을 수도 있습니다. 어른인 부모가 문제 해결을 더 빠르게 할 수 있는 것은 사실이지만 모든 것은 아이가 해결하는 방법을 배우는 과정입니다. 필요하다면 언제까지 해결을 해야 하는지 기한을 함께 정하여 아이들이 무작정 문제 해결을 피하거나 미루는 것을 막을 수도 있습니다. 다만 한번 정한 기한에 대해서는 마음이 답답하더라도 믿고 기다려 주어야 합니다. 믿겠다고 약속하였는데 계속해서 물어본다면 신뢰받지 못한다는 느낌이 들겠지요. 너무 잦은 조언은 점점 힘을 잃어서 정말 조언이 필요할 때 힘을 발휘하지 못하게 만듭니다. 세 번째로, 편안한 대화입니다. 대화는 편안하지 않다면 지속되기 힘듭니다. 아이가 생각하는 시간이 길고, 신중한 편인데 중요한 무언가에 대해 대화를 나누고 싶다면 어느 날 갑자기 시간을 내서 한 번에 여러 가지를 물어보기보다는 일상적으로 잔잔히 여러 번 이야기를 나누는 시간이 더 편안함을 줄 수 있습니다. 또한 빠르게 결정을 내리라고 다그치기보다는 생각하라는 태도로 이야기를 나눈다면 더 좋겠지요. 긴장감이 높은 아이와 싫어할 만한 대화를 나누어야 할 때 인형이나 쿠션, 부드러운 무언가를 가지고 이야기를 나눈다면 도움이 될 수도 있습니다.

3) 아이의 생각과 내 생각이 다르다면?

나와 다른 가치관을 가진 사람은 문제를 어떻게 해결하는지 보여 줄 수 있는 아주 소중한 기회입니다. 모든 사람은 서로 다른 성격을 가지고 있습니다. 아이와 부모 또한 서로 다른 성격을 가지고 있지요. 아이들이 부모와 대화를 나눌 수 있을 정도의 나이와 인지 수준을 갖추게 되었을 때 아이와 나의 성격을 분석해 보는 것도 도움이 됩니다. 내가 낳고, 기른 아이더라도 나와 다른 성격을 가질 수 있습니다. 때로는 나와 너무 비슷한 성격으로 내가 잘 해내지 못했던 부분들이 떠오르며 아이가 걱정되기도 합니다. 반대로 너무 달라 답답할 수도 있지요. 나의 대화 방법이 예민함이 높은 우리 아이의 긴장감이나 불안을 더욱 증폭시키고 있지는 않은지, 나의 덤덤하고 솔직한 대화 방법이 아이에게 어떤 영향을 줄 것 같은지 살펴보세요. 아이와 나의 성격을 살펴보며 성향을 함께 이해할 때, 대화에 어떤 화법을 사용하는 것이 좋을지 더욱 감이 잡히실 겁니다. 아이의 성향에 맞는 말투와 반응을 고민해 보세요. 그리고 아이에게 조언을 해주고 싶을 때는 아이의 입장을 이해하고 너라면 그렇게 느낄 수 있었다는 점을 먼저 표현해 주세요. 그렇다면 우리의 생각이 아무리 다르더라도 상호 보완이 되는, 유익한 대화의 시간을 가질 수 있습니다. 성격을 이해하면 대화가 쉬워집니다.

4) 얼마나 대화를 나누어야 할까?

이전에는 항상 같이 있어 따로 어떻게 지냈는지, 기쁘거나 속상한 일은 없었는지 물어볼 필요가 없었지만 학교에 다니게 되면 부모가 없는 아이의 일상이 어땠는지 궁금해서 대화를 시작할 때도 있지요. 그런데 대화가 많은 가정도 있지만 대화가 많지 않은 가정도 있습니다. 부모님이 말을 걸었는데 아이가 불편해하거나 짧게 대답하면 "귀찮아하는데 괜히 물어봤나?" 싶거나 "이렇게 계속 물어보는 게 맞나?" 싶기도 하지요. 갑자기 대화를 나누면 누구나 불편할 수 있습니다. 더욱이 아이가 내성적이거나 평소에 대화를 많이 하지 않았다면 더욱 그렇겠지요. 그럴 경우, 짧더라도 평소에 조금씩 이야기 나누는 상황을 만들어 봅시다. 대화는 양보다는 질입니다. 중요한 것은 대화를 많이 하는 것이 아니라 꾸준히 지속적으로 하는 것입니다. 아이를 목욕시키는 20분, 같이 산책하는 30분 동안이라도 좋아요. 밥을 먹으면서 이야기를 나누는 것도 괜찮겠지요. 특별한 일이 있을 때 대화하는 것이 아니라 일상적으로 대화를 나누어 보세요. 아이가 먼저 말하기 힘들어한다면 나의 이야기를 먼저 하는 것도 좋아요. 부모가 먼저 일상의 이야기를 나누며 모델링을 해준다면 아이들은 그를 통해 "아, 이렇게 이야기를 하면 되겠구나."라고 자연스럽게 알게 됩니다. "오늘 회사에서 이런 일이 있었어." 같은 이야기들도 좋아요. 그리고 아이가 자신의 이야기를 할 때 이야기를 듣다가 아이가 잘했다고 생각이 되는 부분, 발전했다고 생각되는 부분이 있다면 꾸준히 성장하고 있는 아이의 모습에 대해 짚어 주는 것도 좋겠습니다. "저번에 이런 이야기를 했는데 이번에는 이렇게 되었구나.", "요즘 너의 어떠한 점들이 참 좋아진 것 같아."라는 말을 들은 아이는 더욱 자신의 이야기를 부모와 나누고 싶어질 것입니다.

아이와 대화하는 방법에 대해서 이야기를 나누어 보았습니다. 정리해 보자면 아이와 꾸준하고 지속적인 대화를 하기 위해서는 신뢰를 형성하고, 감정을 존중하며, 자율성을 가질 수 있도록 대화해야 합니다. 판단하기보다는 듣는다고 생각한다면 훨씬 쉬워질 수 있습니다. 어떠신가요? 너무 당연한 이야기라 간단하다고 느끼셨나요? 하지만 이런 기본적인 것들을 잘 지키면 아이와 더 깊이 있는 대화를 나눌 수 있습니다. 아이와의 대화의 핵심은 결국 관계입니다. 부모-자녀는 미우나 고우나 평생을 소통하며 살아가야 하는 관계성을 가지고 있습니다. 아이의 성장을 도울 수 있는, 신뢰감 있는 부모로 존재하기 위한 대화는 어떤 것인지 정답이 존재하지 않습니다. 상황마다 조금씩 다르기 때문입니다. 일생을 서로의 인생에서 뗄 수 없는 관계인 만큼, 서로의 존재가 힘이 될 수 있도록 어떻게 대화를 할지 고민해 본다면 좋을 것 같습니다.

질문과 함께 정리해 보는 우리 아이 학교생활

"아이들과 어떤 주제로 대화하면 아이의 학교생활을 살펴볼 수 있을까?" 학교생활은 크게 3가지 '정서행동적 영역 / 교우관계 영역 / 학업적 영역'으로 나누어 볼 수 있습니다. 각 영역별로 아이들과 대화를 나누면 좋은 질문을 준비했으니 오늘부터 하나씩 질문해 보는 시간을 갖는 건 어떨까요? 모든 질문에서 공통적으로 중요한 것은 단순히 질문을 하는 것이 아니라, 아이의 이야기를 통해 아이를 이해하려는 시간이라는 점을 잊지 마세요!

1) 학업

Q. 어떨 때 집중하기 힘든 것 같아? 집중이 잘 되는 상황은 어떤 상황이니? [집중이 잘 되는(잘 되지 않는) 과목은 어떤 과목이야?: 국어, 수학, 영어, 미술, 체육 등]

❀ 이 질문을 하고 나서는 꼭 왜 그런지 이야기도 함께 들어 보세요. 어떤 상황에서 아이들이 집중력이나 흥미를 갖는지를 알 수 있는 질문입니다.

Q. 어떤 과목을 좋아해(또는 싫어해)? 그 과목을 좋아하는 이유(싫어하는 이유)는 뭐야?

Q. ○○이는 시험에서 점수를 잘 받으면 어떤 게 좋을 것 같애? (친구들의 관심, 선생님의 칭찬, 부모님의 칭찬, 돈, 장래희망, 게임시간 등 여러 가지 가치들 등)

❀ 이 질문은 아이에게 동기 부여가 되는 가치는 어떤 것인지 알아보는 질문입니다. 질문의 방향이 불명확하다면 좀 더 명확하게 공부를 더 잘하고 싶다고 생각하는 이유는 무엇인지를 물어볼 수도 있습니다.

Q. 공부하다가 어려운 문제가 나오면 어떻게 해결해?

❀ 아이의 평소 문제 해결 방식을 탐색할 수 있는 질문입니다. 다른 사람에게 도움을 요청하는지, 답지의 해설을 보고 빨리 넘어가는지 등을 통해 문제 해결 행동을 파악할 수 있습니다. 또 최근 학원을 옮기거나 심화반으로 이동했을 때 요즘 학습에 어려움은 없는지 그걸 어떻게 해결하고 있는지 이야기 나누는 것을 통해 아이의 스트레스를 줄여 주고 지지해 줄 수도 있습니다.

Q. 네가 생각하는 나만의 공부 방법이 있어? 어떤 공부 방법이 너에게 잘 맞는 것 같아?

Q. 시험에서 좋지 못한 결과를 받아서 너무 속상하면 어떻게 해결해?

----

2) 교우관계

Q. 너랑 제일 친한 친구는 누구야? 그 친구의 어떤 점이 좋아?

✿ 3명의 친구를 확인해 보세요. 최근에 가장 많이 노는 친구, 가장 오래된 친구, 제일 친한 친구만 알고 있어도 어떤 대인관계를 선호하는지, 친구들과는 어떻게 지내는지를 알 수 있습니다.

Q. 너는 친구가 뭐라고 생각해? (나와 무엇을 하면 친구라고 부를 수 있을까?)

Q. ○○이는 싸우거나 멀어진 친구도 있어? 그래서 어떻게 했어?

Q. 친구들은 너를 어떻게 생각하는 것 같아?
   (쉬운 버전: 친구들은 네가 동물이라면 뭐라고 생각할 것 같아?)

❀ 아이가 어리거나 말하는 것을 어려워하는 경우 동물로 표현할 수도 있습니다. 쉬운 버전의 질문과 같이 간접적으로 비유를 통해 물어볼 수도 있습니다.

Q. 친구와 의견이 다르면 어떻게 하니? 그냥 넘어가는 편이야? 나의 이야기를 좀 더 하는 편이야?

Q. 오늘 친구들과 했던 것 중 제일 재미있었던 건 뭐야?

Q. 왜 그 친구 때문에 기분이 좋았어? (또는 나빴어?)

❀ 아이가 친구들과 지내는데 기분이 좋지 않았다는 말을 한다면 친구의 행동과 말 자체보다 아이가 왜 그 친구의 말과 행동에 힘듦을 느끼는지 살펴보세요. 이 질문을 지속적으로 하게 되면 아이가 관계 맺기에 있어 바라는 점과 중요하게 여기는 부분, 취약한 부분들을 알 수 있습니다.

Q. 너는 친구들과 함께 노는 게 좋아? 혼자서 노는 게 좋아? 왜 그렇게 느꼈어?

Q. 너한테 잘해 주는 친구가 있는데 사실 너는 별로 안 친해지고 싶을 때도 있어? 그럴 때는 어떻게 할거야?

✿ 타인의 응답에 건강한 방법으로 거절할 수 있는지 또 거리감을 유지하는지를 알아볼 수 있는 질문입니다. 자신의 경계를 잘 지키면서 소통하고 있는지를 살펴볼 수 있습니다.

----

3) 정서행동

Q. 오늘 학교에서 가장 많이 느낀 감정은 뭐야? 어떤 일 때문에 그렇게 생각해?

(쉬운 버전: 오늘의 기분을 색깔로 표현하면 무슨 색깔이야? 왜 그 색이 떠오른 걸까?)

✿ 아이가 감정을 표현하기 어려워한다면 이 질문만큼 좋은 질문이 없습니다. 대신 아이가 감정에 대해서 잘 표현하지 못하고 감정을 표현하는 것에 익숙하지 않다면 다양한 감정에 대해 느끼고 생각해 볼 수 있도록 감정 표지판이나 카드를 이용하여 선택할 수 있게 해주세요.

Q. 요즘 속상하거나 혼자서 감당하기 어려웠던 마음이 있어?

Q. 요즘 잠은 잘 자고 있어? 자고 일어나면 기분이 어때?
   (요즘 밥은 잘 먹고 있어? 좋아하는 음식은 뭐야?)

✿ 수면과 식사는 아이의 정신건강을 살펴볼 수 있는 지표가 되기도 합니다.
   아이가 요즘 걱정스러운 모습을 보인다면 잠은 잘 자는지, 밥은 잘 먹는지
   확인해 보세요.

Q. ○○이가 제일 편하게 쉴 수 있는 장소는 어디야? 어디에 가면 마음
   이 놓여? 가장 최근에 그 장소에 간 건 언제야? 무슨 일 때문이었니?

✿ 이 질문은 가정과 학교 버전을 따로 물어볼 수도 있습니다. 답변을 통해 아
   이의 성향과 현재 느끼는 심리 상태를 알 수 있습니다.

Q. 지금 너에게 가장 걱정스러운 일은 어떤 일이니?
(너는 그 일이 어떻게 되길 바라?)

✿ 걱정스러운 일이 무엇인지, 그리고 그것이 어떻게 풀리기 바라는지를 세트로 함께 물어보면 좋습니다. 아이가 어떤 생각을 하는지, 어떤 마음인지 잘 모를 때에 "너는 지금 가장 바라는 것이 뭐야? 현실적으로 가능한지를 따지지 않고, 무엇이든지 이루어질 수 있다면 어떤 일이 일어나면 좋겠니?"라는 질문만 물어봐도 많은 이야기를 들을 수 있습니다.

Q. 어떤 응원의 말이 가장 기억에 남아?

✿ 아이가 속상해할 때 어떤 방식의 대화를 원하는지 파악하기 어렵다면, 기억에 남는 응원의 말이 무엇이었는지 물어보세요. 어떤 아이들을 자신에 대한 무조건적인 믿음을, 어떤 아이들은 정서적인 토닥임을, 또는 옆에서 이야기를 길게 들어 주는 것을 원합니다. 아이에게 인상 깊었던 응원의 말을 들어 보고 어떤 이야기에 힘을 얻었는지 알아보는 것도 좋습니다.

우리 자녀의
기질·성격과 함께
학교생활 살펴보기

우리 자녀의 기질과 학교생활

우리는 앞에서 학교에서 배워야 하는 중요한 것들은 어떤 것인지, 그리고 내가 우리 아이에게 물려주고 싶은 유산은 무엇이며 어떤 양육목표를 세울 것인지 살펴보았습니다. 이제부터는 본격적으로 우리 아이에 대해서 살펴보도록 하겠습니다. 우리는 타인을 어디까지 들여다보고 이해할 수 있을까요? 이전에 노르웨이에서 공부하던 당시 심리학 수업에서 들었던 투명성(Transparency)이라는 재미있는 개념이 생각납니다. 표준국어대사전에 따르면 투명성은 물체가 속까지 환히 비치는 성질을 나타내는데요. 심리학에서는 우리가 타인의 감정이나 내면을 어디까지 이해하고 볼 수 있는지를 이야기합니다. 이 개념을 설명하는 여러 학자 중 한 명은 우리가 타인을 이해하는 것에 대해 아래와 같은 예시를 듭니다. '우리는 모두 각자 다른 방에서 살고 있다. 우리는 우리의 방에 누군가를 데려올 수도 없고 나도 누군가의 방에 들어가지 못한다. 하지만 우리는 단지 옆의 방에 나의 방을 소개할 수는 있다. 딱 그 정도가 우리가 타인을 들여다볼 수 있는 정도이다.' 우리는 방에서 나와 나의 방에 대해서 소개를 하고 누군가의 방에 대해서 소개를 들을지라도 그 모든 생각들은 결국 '나의 방'을 기준으로 합니다. 아동의 기질을 살펴볼 때에는 아동이 객관적으로 가지고 있는 기질뿐만 아니라 나의 기질 또한 아동의 기질을 살펴보는 데 작용합니다. 기질을 알아 가는 것은 아동 본인만이 가능한 일입니다. 우리는 관찰과 예측을 할 뿐 결국 느끼는 건 우리가 아니기 때문입니다.

우리 가족의 각 구성원들이 가지고 있는 기질이 서로 영향을 주고받기 때문에 가족 내에서 나타나는 모습이 학교에서는 나타나지 않기도 하고 반대로 학교에서 나타나는 모습들이 가족 내에서는 안 나타나기도 합니다. 기질은 상황과 상호 작용하며 나타나기 때문에 절대적이란 것은 없습니다. 그럼에도 불구하고 부모님이 아동의 기질과 성격을 아는 것이 중요한 이유는 아동에게 자신을 알아 가고 탐색할 수 있는 기회를 주기 때문입니다. 모르는 식당에 가서 음식을 시켜야 할 때 우리는 메뉴판을 참고합니다. 정보가 더 필요하다면 블로그나 SNS 등을 참고하며 음식에 대한 정보를 모으지요. 결국 어떤 음식을 먹을지 선택하고 주문하는 것에 가장 큰 영향을 주는 것은 우리가 가지고 있는 음식에 대한 취향과 이전에 먹었던 음식들에 대한 경험이지만 그럼에도 불구하고 정보를 아는 것은 중요합니다. 부모는 아이들에게 메뉴판과 같이 정보를 제공하는 역할을 합니다. 아동을 살펴보고 기질에 따라 겪을 수 있는 어려움들을 예측하지만 무엇을 하고 어떻게 대처해야 할지 절대 단정해서는 안 됩니다. 결국 안에 무엇이 들어 있는지는 본인만이 알 수 있기 때문입니다.

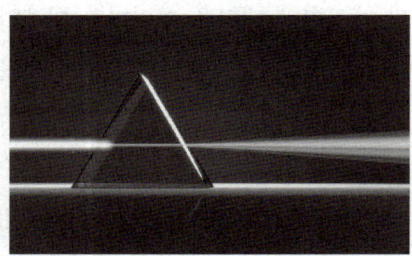

동일한 상황도 각자의 경험과 가치관에 따라 다르게 해석됩니다.

우리들은 아이들의 기질을 살펴보고 아이가 자신의 기질을 잘 받아들일 수 있도록 도와줘야 합니다. '내가 이상한 걸까?', '나만 이런 거야?'라는 생각이 들 때 그것을 자신의 약점이 아닌 특성으로 받아들여 자신의 고유한 아름다움을 볼 수 있도록 도와주는 것이 자녀의 기질을 바탕으로 하는 양육의 목표입니다.

기질에 따라 겪을 수 있는 학교생활의 어려움

〈평온의 기도〉

God,

Give us grace to accept with serenity the

things that cannot be chagned,

Courage to change the things that should be changed,

and Wisdom to distinguish the one from the other.

주님,

우리에게 바꿀 수 없는 것들을 평온하게 받아들이고,

제 힘으로 바꿀 수 있는 것을 바꿀 수 있는 용기를 주시며,

그 두 가지를 구분할 수 있는 지혜를 제게 주소서.

우리 아이들에게는 선천적으로 타고나는 기질와 후천적으로 발달시키는 성격이 있습니다. 우리는 평상시에 이를 합쳐 성격이라고 부르지만 이번 장에서는 편의를 위해 선천적으로 타고나는 것은 기질, 후천적으로 발달되는 것은 성격이라고 나누어서 불러 보도록 하겠습니다. 위의 평온의 기도는 신학자인 라인홀드 니버(Reinhold Nievuhr)가 작성한 기도문으로 삶을 살아가며 마주하는 고난과 고통에 대해 평화로운 마음을 가질 수 있도록 지혜를 구하는 내용을 담고 있습니다. 비록 라인홀드는 이를 삶의 관점에

대해 작성하였지만 저는 이것이 기질과 성격을 잘 보여 주는 예시라고 생각합니다. 사람마다 타고나는 것이 다릅니다. 성격은 양날의 검으로 반드시 좋은 것도, 반드시 나쁜 것도 없습니다. 이 소재를 어떻게 갈고닦을 것인지가 중요하지요. 소리에 굉장히 예민하여 수저 놓는 소리, 누군가가 음식을 먹는 소리, 창문을 열어 두었을 때 들리는 소리 등이 모두 날이 서는 자극으로 다가오는 아이들이 있습니다. 그래서 공용 공간인 거실에 머무르는 것을 힘들어하며 자신의 방에 있기를 선호하기도 하죠. 어떤 아이는 촉감이 예민해 특정 재질의 옷을 불편해하거나 심지어 통증으로 느끼기도 합니다. 이렇게 자극을 많이 느끼다 보니 감각이 과부하 상태에 빠져 쉽게 피곤해지고 지쳐서 빨리 집에 가서 쉬어야 하는 아이들도 있습니다. '나는 왜 이렇게 예민할까, 나는 왜 이렇게 까다롭지?' 이러한 생각들이 들 수도 있지만 이것들은 내가 바꿀 수 있는 일이 아닙니다. 하지만 내가 바꿀 수 있는 다른 것들도 있습니다. 소음에 예민한 친구는 헤드셋이나 이어폰을 가지고 다니며 평소에 적절하게 소리를 차단하며 스트레스를 조절할 수 있고 또 음에 예민하기 때문에 악기를 다루면 큰 강점을 가질 수도 있습니다. 불안이 높아 걱정과 두려움이 많은 친구들은 나중에 보건이나 의료, 건설과 같이 안전에 관련된 일을 하면 다른 사람들보다 문제가 될 수 있는 상황들을 빨리 잡아내며 자신의 기질을 바탕으로 사회에 더 많은 공헌을 할 수 있습니다. 나의 기질은 약점이 되기도 하지만, 강점이 되기도 합니다. 물론 기질대로만 사는 것은 당연히 불가능한 일입니다. 우리는 사회에서 정해 놓은 규칙들과 공동체 속에서 살기 위해서 필요한 것들이 있기 때문입니다. 우리 아이의 기질만을 중요시한다면 아이들은 오히려 환경 적응에 어려움을 겪습니다. 아이의 기질을 존중하되 적절히 조절하는 방법 또한 알려 주어야 합니다. 에너지 수준이 너무 높아 산만한 아이들, 자극 추구가 너무 높은 아이들에게는 규칙과 상황에 대한 제한들을 알려 주고 훈련시킬 필요가 있습니다. 하지만 이 아이들이 가지고 있는 특유의 에너지를 어떻게 잘 활용할 수 있을지 고민해 보아야 합니다. 아이들이 스스로를 미워하지 않기 위해서는 아이들이 가지고 있는 고유한 기질의 소중함을 깨우쳐 주어야 합니다. 이렇게 기질은 받아들이고 성격을 발전시킬 수 있도록 부모가 도와준다면 아이들의 고유한 세상은 더욱 빛날 수 있을 겁니다.

기질을 분류하는 대표적인 이론 중 토마스와 체스(Tomas&Chess)의 3가지 기질이 있습니다. 토마스와 체스는 아이들이 타고나는 기질이 있으며 그것이 행동 발달, 감정 표현, 사회적 상호 작용에 큰 영향을 미친다는 것을 발견하였습니다. 그들은 기질을 나누는 기준이 되는 9가지 특성(활동성, 리듬성, 접근 또는 회피성, 적응성, 반응강도, 반응역치, 기분의 질, 지속성, 산만성)을 제시하며 3가지 기질('순한 기질', '까다로운 기질', '느린 기질')로 구분하였죠.

활동성	아동의 에너지 수준으로, 얼마나 활동적인가를 나타냄
리듬성	일상생활의 생리적인 수준에서 밥먹기, 수면, 배변 등과 같은 생활 습관이 규칙성을 가지고 이루어지는지를 나타냄
접근 또는 회피성	새로운 자극(사람 또는 상황)에 대하여 접근 또는 회피 중 어떤 반응을 보이는가를 나타냄
적응성	변화된 것들에 대해 적응하는데 얼마만큼의 시간과 노력이 필요한지를 나타냄
반응강도	자극에 대한 반응이 얼마나 큰지를 나타냄
반응역치	어떠한 반응을 하기 위해서 얼마만큼의 자극이 필요한지를 나타냄
기분의 질	긍정적 기분과 부정적 기분의 비율이 어떠한지, 어떠한 정서를 많이 느끼는지를 나타냄
지속성	한 가지 행동을 얼마나 오랫동안 집중하여 할 수 있는지를 나타냄
산만성	한 가지 행동을 행함에 있어 얼마나 쉽게 중단되거나 방해받는지를 나타냄

아동의 9가지의 특성

순한 기질 (Easy temperament)	까다로운 기질 (Difficult temperament)	느린 기질 (Slow to warm up temperament)
• 규칙적인 생활습관 • 새로운 환경에 적응이 용이함 • 낯선 사람들에 대한 거부감이 적음 • 온화하고, 대체로 긍정적인 정서가 강함	• 불규칙적인 생활습관 • 새로운 환경에 적응 시간이 필요함 • 낯선 사람들에 대한 거부감이 큼 • 정서의 변화가 크고 폭발적임. 대체로 부정적인 정서가 강함	• 불규칙적인 생활습관 • 새로운 상황에서 적응에 많은 시간이 필요함 • 낯선 사람들에 대한 거부감이 큼 • 감정 반응이 약한 편으로 긍정적이든 부정적이든 정서 표현이 크지 않음

　토마스와 체스는 이 이론을 바탕으로 기질을 구분하여 기질에 기반한 육아로 아이들의 특성을 존중하는 육아를 하는 것이 중요하다고 했는데 이는 현재 많은 부모님들이 하고 있는 육아 방법이지만 산업화 시기였던 50년대에 이러한 주장이 나왔다는 것은 놀라운 일이었습니다. 기질에 대한 접근은 우리 아이가 학교에서 겪는 어려움을 바라보는 것에도 도움을 줍니다. 민감한 기질(까다로운 기질)을 가지고 있는 아이들은 학교에서 마음이 불편할 때마다 화장실이나 양호실에 가기도 합니다. 이 장소들의 공통점은 혼자 있을 만한 공간이 거의 없는 학교에서 가장 사람이 적으며 혼자 있는다고 해서 문제가 되지 않는 장소라는 것입니다. 사람에 대한 자극에 예민한 아이들은 누군가의 시선을 계속 확인하고 누가 나를 보고 있지는 않은지 확인합니다. 이러한 습관이 강화되고 왜곡된 생각들과 만나게 되면 선생님들이나 부모님이 자신을 감시하고 있다고 생각하기도 합니다. 남자아이들은 비교적 섬세하여 자신의 마음을 잘 읽어주는 여자아이들과 어울려 놀기를 선호하는 등 동성 친구보다 이성 친구를 선호하는 일이 생기기도 합니다. 이 모든 것은 불편한 것을 어떻게 표현하고 조절해야 하는지 방법을 모

르는 것에서 기인합니다. 이런 아이들에게는 모두 스스로의 생각을 표현하고 학교에서 불편한 마음을 가라앉히는 적절한 방법을 함께 찾아가는 과정이 필요합니다. 지속성이 짧으며 산만성이 높은 아이들에게는 학교 수업 시간 또는 반복되는 과제에 대한 지루함을 어떻게 달래줄 수 있을지 고민해 봐야 합니다. 필기도구를 바꿈으로써 필기구의 사용에서 즐거움을 느끼게 해줄 수도 있고, 지루함 자체에 면역이 적어서 재미있는 것만 하고 싶어 하는 아이라면 집에서도 하기 싫지만 해야 하는 일을 규칙적으로 하는 훈련을 통해 지루함을 견디는 힘을 기르게 할 수 있습니다. 지루함을 견디는 아이의 모습에 계속 강화를 하여 무언가를 견디고 인내하는 나에 대한 긍정적인 자아상을 제시하여 학교에서의 적응을 돕도록 지원할 수도 있습니다.

토마스와 체스의 놀라운 연구가 당시 아동 발달과 양육에 큰 변화를 불러일으킨 것처럼 지금도 양육에 대한 많은 변화들이 나타나고 있는 전환기인 것 같습니다. 하지만 핵심은 다르지 않습니다. 아이들이 성취한 것에 대해 강화를 하는 것이 아닌 노력과 끈기, 아이가 가지고 있는 자질과 특성에 대해서 강화를 제시해야 합니다. 결과가 아닌 아동의 존재에 대한 강화가 이루어지기 위해서는 어떤 것이 필요할까요? 아동의 기질에서 빛나는 자질을 발견하고 그것이 잘 자라날 수 있도록 예쁘게 지켜 주어야 합니다. 이렇게 자신의 존재에 대해 강화를 받은 아이들은 성취를 이루지 못하는 상황에서도 언제나 다시 할 수 있다고 생각하게 됩니다. 자신의 안에 빛나는 자질이 그대로 있으니 언제든지 다시 시작할 수 있기 때문이죠. 백 명의 아이들이 있다면 백 개의 세계가 있습니다. 기질에 따라 아이들을 돕기 위해 분류되어 있긴 하지만 모든 아이들에게 공통적으로 적용되지는 않을 것입니다. 어떤 기질에 대한 이론이나 검사들도 양육자의 관찰보다 값지진 않습니다. 애정이 깊은 믿음과 신뢰 가득한 눈으로 자녀를 바라보고 관찰하고 있는 당신의 두 눈이 아동에 대해 가장 도움이 되는 검사지입니다.

단 하나의 나를 찾아 떠나는 여행

앞서 우리는 기질에 따른 양육과 지도의 중요성에 대해서 알아보았습니다. 당연한 말일 수도 있겠습니다만 사실 기질이 모든 것을 결정하는 것은 아닙니다. 우리는 발달하면서 환경과 경험의 영향을 받아 후천적으로 성격을 형성하기 때문입니다. 모든 경험은 나를 만드는 양분이 됩니다. 실패를 겪더라도 누군가에게는 나에 대한 좌절과 부족한 나에 대한 혐오를 불러일으키고, 누군가에게는 성공에 대한 과정이자 나에 대해 알아 가는 시간으로 다르게 느껴질 수 있습니다. 많은 사람들이 간과하고 있지만 어떤 경험을 했는지 그 자체가 아닌 경험을 어떻게 의미화했냐가 사실 더 중요합니다. 우리는 이 모든 경험들의 결과로 실패와 좌절, 자신에 대한 혐오가 아닌 노력하는 자신의 모습을 아이들이 자랑스럽게 여길 수 있도록 가르쳐야 합니다. 하지만, 이 길이 참 녹록하지 않습니다. 고난과 역경 그리고 인내들로 가득 차 있지요. 그런 상황에서 자신을 지킨다는 것은 정말 어려운 일입니다. 부모의 입장에서도 힘들어하는 자식을 지켜만 봐야 한다는 것은 고문이 따로 없을 것입니다. 하지만 그런 와중에도 아이들이 스스로를 강화시켜 나가고 있음을, 이 모든 것은 의미 있는 필요한 과정이고 결국은 성장할 것을 믿을 수 있어야 합니다.

　사람들은 다양한 가면(Persona)을 쓰며 자신이 어떻게 보일지 고민합니다. 내가 어떻게 행동했을 때 타인이 만족할지, 사회에서 요구하는 나의 행동은 어떤 것이 있는지에 대해 생각하지요. 때론 그 가면이 우리 자신보다 중요해져 나보다 타인을 우선시하기도 합니다. 그리고 누군가의 기대에 맞춰지는 것 외에는 스스로에게 가치를 찾지 못하여 차라리 아무것도 하지 않는 사람이 되기를 선택하기도 합니다. 시도하지 않으면 실패도 없는 것이고 누군가에게 기대를 받지 않는다면 실망할 일도 없으니까요. 그게 진짜 내 모습이 아니더라도 진짜 모습을 남들이 알게 되는 것보다는 낫다고 생각하게 될 때가 있습니다. 하지만 그러한 감정들조차 다 나를 위해서 작용하고 있다면 믿을 수 있으신가요? 다행히도 인간은 그 누구보다 자기 자신을 사랑합니다. 우리는 우리가 아닌 모습을 보일 때면 내가 미워지고 왜 이렇게밖에 안 되는지 서럽습니다. 그 미움과 서러움이 이것은 내가 하고 싶은 일이 아니라는 것을 알려 줍니다. 일전에 감정에 대한 수업을 하다가 한 아이가 질문한 내용이 기억에 남습니다. 그날 수업의 주제는 '감정'으로 왜 우리가 내 감정을 소중히 여기고 알아차리는 것이 중요한지에 대한 내용을 말하고 있었습니다.

　"감정도 근육이에요. 마음속의 근육이라 보이지는 않지만 계속 사용하지 않으면 결국 퇴화되어 내가 어떻게 느끼고 생각하는지를 잘 느끼지 못하게 됩니다. 그렇다면 어떻게 될까요?"

"나의 마음을 잘 못 느끼게 되면 우리는 내가 재미있는 것이 아닌 남들이 재미있다고 하는 것을 하며 살아가게 됩니다. 나에게 어떤 것이 즐거움을 주는지, 행복을 주는지를 알아차리지 못하기 때문이죠. 그렇기 때문에 나의 감정을 안다는 것은 나의 행복에 굉장히 중요하고 소중한 역할을 해요."

"선생님 죽고 싶다는 감정도 도움이 되는 건가요?"

"여기 죽고 싶다는 감정은 차라리 느끼지 않는 편이 좋겠다고 생각하는 친구들 한번 손들어 볼까요?"
거의 대부분이 손을 들었습니다. 잠시 생각을 하고는 이야기했습니다.

"죽고 싶다는 감정 또한 우리에게 무언가를 알려 줍니다. 죽고 싶다는 감정은 우리에게 지금의 상태가 싫다는 것을 알려 주지요. 이 상태가 계속 이어진다면 위험하다는 주의를 줍니다. 이를 통해 나는 지금의 상황에 변화가 필요함을 느낄 수 있게 됩니다. 그럴 때 나에게 무엇을 해주어야 할까요? 무엇을 하면 나는 쉴 수 있나요?"

머뭇머뭇 고민하던 아이들이 하나둘씩 이야기했습니다.
"자요.", "게임해요!", "산책해요!", "맛있는 걸 먹어요!"

"맞아요. 여러분은 어떻게 하면 나를 쉬게 해줄 수 있는지 잘 알고 있군요."

"그리고 이 감정의 이면에 무엇이 있는지를 살펴보는 게 중요할 것 같습니다. 죽고 싶다는 감정에는 나의 어떤 마음이 있을까요. 사실은 죽고 싶다는 감정조차 나를 필사적으로 살리고 싶어 하는 내 몸이 보내는 신호이지요. 내가 느끼지는 못하지만 나의 감정을 포함한 수많은 존재들이 모두 나를 이렇게나 소중하게 여겨 살리고 싶어 하고 있어요. 어때요? 이렇게 생각하면 죽고 싶다는 감정도 나에게 꽤나 중요한 것을 알려 주고 있는 것 같지 않나요.”

좋은 기분은 나를 더 살고 싶게 만들고 나쁜 기분은 어떻게 하면 위험한 것들로부터 나를 지켜 낼 수 있을지 알려 줍니다. 타인의 성취를 저평가하고 무언가를 하기 싫어하는 아이들도 자신을 지키고 있는 것일 수 있습니다. 우리는 자신을 긍정적으로 평가하고 싶은 본능이 있기 때문에 자신을 저평가하게 만들 수 있는 모든 것들을 차라리 무가치하게 여기는 선택을 하기도 하지요.

우리는 어떻게 아이들이 적절하고 건강하게 자신을 위한 결정들을 하며 살아가도록 할 수 있을까요? 사회 심리학자인 토리 히긴스(Tory Higgines)에 따르면 우리는 3가지 자아를 가지고 살아간다고 합니다. 실제적 자기(actual self), 이상적 자기(ideal self), 당위적 자기(ought self)이지요. 풀어서 설명하면 현실 세상에서의 진짜 나, 내가 되고 싶은 나, 내가 되어야 하는 나 정도로 나눌 수 있겠습니다.

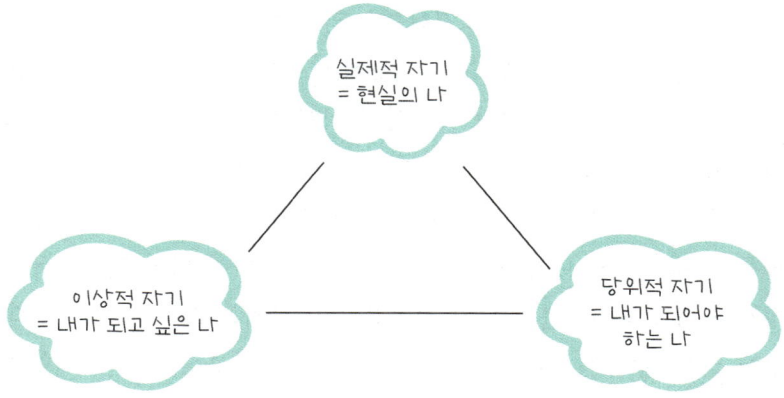

'현실의 나'와 '내가 되고 싶은 나' 사이의 간극 그리고 '현실의 나'와 '내가 되어야 하는 나' 사이의 간극은 존재할 수밖에 없습니다. 이 간극으로 인해 우리는 슬픔과 불안을 느끼게 됩니다. 하지만 되고 싶은 나에 초점을 맞추는 아이는 슬픔을 느끼기는 하지만 도전하고 자기주도적으로 문제를 해결하고자 합니다. 반면에 되어야 하는 나에 집중하는 아이들은 위험을 회피하기 위해 최대한 노력하며 실수하지 않는 것을 중요하게 생각합니다. 하고 싶은 일을 하면 우리는 능동적이 되지만 해야만 하는 일을 할 때에는 수동적이 되는 것을 이 이론을 통해서도 살펴볼 수 있습니다. 단순히 하기 싫어서 수동적인 것이 아닌 실패하지 않는 것에 집중하고 있기에 나에게 도전이 중요한 가치로 다가오지 않는 것이지요. '되어야 하는 나'가 아닌 '되고 싶은 나'로 아이가 인식할 수 있도록 교육한다면 주도적인 아이로 성장하는 데 많은 도움을 줄 수 있을 것입니다. 여기까지도 정말 흥미로운 이론이지만 이 이론에서 정말 중요한 부분은 스스로 어떻게 되어야 하는지에 대한 사고가 의사결정과 나에 대한 생각들에 큰 영향을 주는 것을 깨닫게 해준다는 점입니다. 내가 나에 대해 어떤 생각을 가지고 있는지는 내가 어떤 감정을 느끼게 될지 그리고 어떤 자세로 임하게 될지를 결정하게 됩니다. 학교생활을 하게 되면 많은 것들이 아이들의 뜻대로 흘러가지 않습니다. 여기에는 나의 기분에 무조건적으로 맞추어 줄 사람도, 나를 무조건적으로 사랑해 주는 사람도 없지요. 이곳에서 아이들은 부모와의 든든한 관계를 바탕으로 자신을 갈고닦아 세상에 어떤 모습을 보여 줄지를 조각해 나갑니다. 현재의 불완전한 모습에서 내가 되고 싶은 모습 그리고 되어야 하는 모습들을 그려 가며 슬퍼하기도, 불안해하기도 합니다. 이를 통해 아이들은 현재의 나와 내가 되고 싶은 나, 되어야 하는 나의 간극에서 나를 어떻게 지켜야 하는지를 하나씩 찾아갑니다. 우리는 모두 세상에 오직 하나밖에 없는 '나'라는 존재를 찾아 떠나는 여행을 하고 있습니다. 대학을 가고, 취직을 하고, 결혼을 하고, 아이를 가지는 것조차 모두 나의 여행 기록이지요. 우리는 이 여행의 과정에서 함께 할 동반자, 지원군들을 얻기도 합니다. 이 여행은 그 누구도 대신해 줄 수 없습니다. 당신이 그러하였듯이 당신의 아이도 언젠가 혼자서 여행을 떠나야 합니다. 당신이 아이를 위하여 만들어 준 따뜻한 보금자리, 풍족한 자원들을 떠나 자신만의 탐험을 함께 할 동료들을 찾아야 합니다. 그럼에도 불구하고 당신의 존재는 때로는 거울로, 때로는 빛으로, 때로는 무거운 책임감으로 언제나 아이의 성장에 큰 힘이 되어 줄 것입니다. 여행을 떠나는 우리 아이가 어떻게 나아가면 좋을까요? 가지고 있는 무기는 무엇인가요? 당신은 그걸 어떻게 활용할 수 있도록 도와주실 건가요? 분명 쉬운 질문은 아니지만 함께 찾을 가치가 있는 질문입니다.

질문과 함께 정리해 보는 우리 아이 학교생활

나는 내 자녀의 어떤 것을 수용하고 어떤 것을 발전시키고 싶으신가요? 토마스와 체스의 이론을 활용하여 우리 아이를 살펴본 후 학교생활에 있어 어려움을 겪을 수 있는 특성에 대해 미리 고민해 보고 강점을 가지는 특성은 어떤 것이 있으며 어떻게 도와줄 수 있을지 생각하여 봅시다.

활동성	아동의 에너지 수준으로, 얼마나 활동적인가를 나타냄
리듬성	일상생활의 생리적인 수준에서 밥먹기, 수면, 배변 등과 같은 생활습관이 규칙성을 가지고 이루어지는지를 나타냄
접근 또는 회피성	새로운 자극(사람 또는 상황)에 대하여 접근 또는 회피 중 어떤 반응을 보이는가를 나타냄
적응성	변화된 것들에 대해 적응하는데 얼마만큼의 시간과 노력이 필요한지를 나타냄
반응강도	자극에 대한 반응이 얼마나 큰지를 나타냄
반응역치	어떠한 반응을 하기 위해서 얼마만큼의 자극이 필요한지를 나타냄
기분의 질	긍정적 기분과 부정적 기분의 비율이 어떠한지, 어떠한 정서를 많이 느끼는지를 나타냄
지속성	한 가지 행동을 얼마나 오랫동안 집중하여 할 수 있는지를 나타냄
산만성	한 가지 행동을 행함에 있어 얼마나 쉽게 중단되거나 방해받는지를 나타냄

1. 토마스와 체스가 제시한 특성들을 바탕으로 우리 아이를 10점 척도로 평가해 봅시다.

특성	점수(/ 10)	이유: 왜 그렇게 생각했나요?
활동성	/ 10	
리듬성	/ 10	
접근 또는 회피성	/ 10	
적응성	/ 10	
반응강도	/ 10	
반응역치	/ 10	
기분의 질	/ 10	
지속성	/ 10	
산만성	/ 10	

2. 우리 아이가 학교에서 어려움을 겪을 수 있는 특성에는 무엇이 있을까요? 구체적인 상황을 떠올려 보고 어떻게 교육할 수 있을지 작성해 보세요.

어려움을 겪을 수 있을 것 같은 특성	접근 또는 회피성
지도방안	아이는 어려움이 있을 때 회피하고 싶어 하는 특성이 강하여 놀이나 학습에 어려움이 있을 때 회피하려고 하는 경향성이 있을 것 같음. 아이에게 회피할 때의 감정에 대해서 물어보고 감정을 조절할 수 있도록 교육하겠음.

어려움을 겪을 수 있을 것 같은 특성	
지도방안	

3. 위의 특성을 어떻게 빛나는 자질로 개발시킬 수 있을까요?

✿ 회피하는 성향은 답답함을 줄 수도 있지만 신중하고 성숙한 모습을 보여 주기도 합니다. 회피의 시간들을 자신의 마음을 들여다보는 성숙의 시간이 되도록 지도하고 자신을 표현하는 방법을 발달시켜 자신의 생각을 남들에게도 잘 표현할 수 있도록 양육한다면 마음이 깊고 성숙한 아이로 자라게 할 수 있을 것 같습니다.

학습태도

학교생활에서 겪을 수 있는 우리 아이의 어려움: 학습태도

이제부터 우리는 학교에서 아이들이 겪을 수 있는 여러 가지 어려움에 대해서 영역별로 나누어 알아보려고 합니다. 교사생활을 하며 아이들의 행복과 관련이 크다고 느꼈던 학습태도, 정서건강, 교우관계 3가지로 영역을 나누어 보았습니다. 각 영역에서 부모로서, 양육자로서 중요하게 생각해야 하는 것에는 무엇이 있는지에 대한 저의 생각과 실제로 학교에서 아이들이 많이 어려워하는 부분을 재구성한 구체적인 사례들을 바탕으로 실질적으로 학교에서 겪는 어려움에 대해 이야기해 보려 합니다. 우리 아이가 어려움을 호소할 때 나는 어떻게 할지 함께 생각해 본다면 더 풍부한 시간이 될 것 같습니다.

이 영역의 소제목을 '학습'이 아닌 '학습태도'라고 지은 것에는 이유가 있습니다. 학습이 일어나기 위해서는 정보를 받아들여 자신의 것으로 처리하는 인지적인 과정들이 요구됩니다. 따라서 배우는 것에 대한 흥미가 없다면, 학습을 하고자 하는 의지가 없다면 학습은 일어날 수 없습니다. 무의식적으로 쌓이는 것들이 있기는 하겠지만 단순 읽기, 쓰기, 듣기의 동작을 하는 것에 불과하게 됩니다. 우리들은 아이들에게 학습하기를 강요할 수 없습니다. 그리하여 결국 학습은 아동이 어떤 태도로 학습을 받아들이는지가 핵심입니다. 학습에 대해서 우리가 자주 활용하는 예시가 있지요. 말을 우물가에 데리고 갈 수는 있지만 억지로 물을 먹일 수는 없다. 말이 스스로 물을 마시는 것, 우리는 그것을 주도성(Agency)이라고 부릅니다. 우리가 해야 할 일도 아이들이 주도성을 가지고 학습할 수 있는 태도를 형성할 수 있도록 도와주는 일입니다.

주도성이 있는 학습은 어떤 것일까요? OECD에서 미래 학습자들을 위한 방향성을 담은 '학습자 나침반2030(Learning compass2030)'이라는 학습프레임을 제시한 적이 있습니다. 학습자 나침반에서는 학생 주도성(Student agency)에 대해서 다음과 같이 이야기를 했습니다.

"'학생 주도성'은 성격적 특성이 아니고 자신의 행동이 무엇을 의미하는지 알고 있으며 달성하기 위한 목적을 위해 행동할 수 있는 것을 의미한다. 이는 긍정적인 책임감을 바탕으로 수용하기보다는 자신이 상황을 형성하는 것을 포함한다."

이러한 개념적 정의를 바탕으로 주도성이 있는 학습은 학생들이 누군가의 지시 또는 방향을 따라가는 것이 아니라 자신의 학습 방향성을 인식하는 상태에서 계획하고 그에 맞는 환경과 도움까지 조절하는 것을 요구합니다. 그리고 이러한 주도성은 선천적으로 타고나는 것이 아닌 후천적으로 훈련하여 하나씩 쌓아 올린 경험을 바탕으로 나타날 때 그 진가를 발휘합니다. 그렇기 때문에 때로는 아동의 거부에도 불구하고 반드시 해야 하는 일들을 시켜야 할 수도 있지만 결론적으로는 아동이 그 학습에 대한 의미를 느낄 수 있도록 만드는 것이 가장 중요합니다.

주도성을 만드는 핵심 2가지

1) 아이에 대해서 잘 알고 있는가
2) 자기효능감: 자신에 대해 괜찮은 사람이라는 믿음

이 두 가지가 아이에게 잘 작용되고 있다면 아동은 언제나 실패를 바탕으로 더 나은 학습자가 될 수 있는, 도전하는 학습자가 될 수 있습니다.

가령 다른 친구들보다 성장 속도가 느린 아이들도 있는데 조급해 하시지 않아도 됩니다. 인생의 끝은 정해져 있지 않아 내가 원하는 속도로 나아가면 됩니다. 빨리 가도 그 앞에 무엇이 있는지는 아무도 모릅니다. 제일 중요한 핵심은 어떤 아이들이든 성장형 마인드, 나의 노력으로 무언가를 바꿀 수 있다는 걸 믿는 마음을 가질 수 있도록 해주어야 합니다. '나는 할 수 있는 사람이구나.' 여기에서 더 나아가 학생별 강점을 바탕으로 성공 경험을 갖게 하여 성장형 사고방식을 만들어 주는 것이 가장 이상적인 이야기가 아닐까 합니다. '하지만 저희 아이는 정말 공부에 잘 활용할 수 있는 강점이 없는 것 같아요.'라고 생각하시는 분들도 있으실 겁니다. 그렇게 생각될 수도 있습니다. 모든 아이들에게는 취약점과 강점이 있습니다. 하지만 중요한 것은 객관적으로 탁월한 것을 찾는 것이 아니라 아직 아이에게는 없을지라도 잠재되어 있는 가능성의 싹을 알아보고 그 싹이 계속 자라날 수 있도록 이끌어 주는 것입니다. 예를 들어 하나에 집중하지 못하고 자꾸 다른 것에 신경을 쓰는 학생이 있다고 해볼까요? 이렇게 한 가지에 집중을 못하는 아이들은 지속력이 있는 집중을 하기는 어렵지만 짧은 순간 강력하게 집중이 가능한 장점을 가진 경우가 많습니다. 그렇다면 집중력이 약하다는 사실은 그대로 두고 다른 것들을 바꾸면 어떨까요? 공부 장소를 방에서 거실, 학교에서 독서실 등으로 바꾸어 주며 장소를 통해 새로운 자극을 추구하고 싶다는 욕구를 채워 줄 수 있습니다. 장소를 바꾸기 어렵다면 필기구(연필, 볼펜, 샤프 등)를 새롭게 바꿔서 욕구를 채우는 것도 가능할 것입니다. 아동에 대해서 잘 알고 있을수록 우리는 그 아이가 어떤 방법으로 학습을 할 때 최대치를 발휘할 수 있는지를 발견하고 그러한 환경을 제시할 수 있게 됩니다. 나를 위해서 공부할 때 더 많은 힘을 낼 수 있는지, 누군가를 위해서 공부할 때 더 많은 힘을 낼 수 있는 아이인지 관찰하여 그에 맞춰 강화하는 것도 좋은 방법입니다. 우리는 앞으로 변화하는 세상에 맞추어 평생 배우며 살아가야 합니다. '음악을 들으면서 공부하면 집중이 안 된대, 하지만 클래식 음악은 괜찮대!' 이런 이야기들을 하나씩 적용하려고 하는 것보다 아이가 스스로 어떤 환경에서 학습을 잘하는지를 이해하고 스스로 그러한 환경을 제공하게 하는 것이 장기적으로 더 도움이 되는 일입니다. 흥미를 가지게 되면 아이들은 자신의 행동을 조절하고 더 나은 퍼포먼스를 보여 주기 위해 스스로 노력하게 되는데 그 과정이 학습이자 학습을 더 강화시켜 줄 수 있는 요소가 됩니다. 저는 집단 활동에서 항상 말을 많이 하고 말하는 걸 좋아해서 집단 활동에 집중하지 못하는 학생에게는 규칙을 모르는 친구들에게 설명해 주기, 다른 친구가 도움이 필요할 때 설명해 주기 등의 역할을 제시해 주고 '말을 한다'는 것을 긍정적인 환경으로 만들어 줍니다. 그리고 다른 말을 할 때는 칭찬하지 않지만 친구들에게 적절한 어휘로 잘 설명해 줄 때는 진심을 담아 칭찬합니다. 아이들은 그렇게 적절하게 잘 말하는 자신의 모습에 자신감과 자부심을 느끼고 스스로 하는 말에 대해 책임감을 느끼게 되며 스스로 규칙을 더 지키려고 노력하게 됩니다. 아동이 가진 문제가 아니라 가능성과 강점에 집중하고 그것을 발휘할 수 있는 환경을 만들어 주는 것이 중요합니다. 아이들이 좋아하는 것에 많은 관심을 가지고 긍정적으로 작용할 수 있는 환경을 만들어 줄 수 있을지 고민해 본다면 우리는 긍정적이고 행복한 학습태도뿐만 아니라 자연스럽게 아이들에게 책임감을 가지는 방법도 가르쳐 줄 수 있습니다.

그러한 의미에서 아동이 학습을 하고 있을 때 사용하면 안 되는 말들이 있습니다.

그것 봐. 이거 안될 거라고 했지.
그러게 하지 말라고 했잖아.

학습의 결과가 긍정적이든 부정적이든 학습의 과정 동안 아동의 선택에는 이유가 있습니다. 때로 아이들은 '그냥요.'라고 이야기하지만 귀찮아서 일 수도 있고 아직 알지 못하는 것에 대한 두려움 때문에 빨리 선택을 해버리고 싶어서였을 수도 있지요. 모두 이유가 숨어 있습니다. 하지만 위에 제시한 말은 그러한 문제에 도전하고 시도하는 것을 부정하는 말입니다. 아이들의 도전하는 마음과 성장하고자 하는 마음에 긍정적인 생각을 가질 수 있도록 도와주기 위해 아이들의 1) 시도에 대한 이유를 듣고 2) 시도 자체에 강화를 해주며 3) 결과에 대한 해석과 함께 다음 시도에 대한 지지와 응원을 제공해야 합니다. 실제로 말해 본다면 다음과 같이 이야기할 수 있을 것입니다.

"그래, 그때는 ○○한 이유로 그렇게 했었구나. 비록 원하는 대로 나오지는 못했지만 이 방법은 지금 사용할 수 없다는 걸 알게 되었어. 그럼 □□가 되기 위해서는 또 어떤 걸 해보면 좋을까?"

아이들은 필연적으로 수많은 실패를 겪게 됩니다. 사실 지금 이 글을 읽고 있는 어른인 여러분도 수많은 실패들이 쌓여 만들어진 귀중한 결과물입니다. 실패의 순간이 쌓이며 어제보다 더 나은 오늘의 나를 만들어 나가는 과정을 아이들이 겪을 수 있도록, 지금 성공하는 방법이 아니라 성공을 참고 견딜 수 있는 학습자의 자세를 기를 수 있도록 도와주어야 합니다. 도전을 하는 것은 성공하는 것이 아니라 성공을 위해 시도해 보겠다는 다짐이기 때문입니다. 이 마음가짐을 만들 수 있도록, 아이들이 할 수 있다는 마음을 가질 수 있도록 실패를 결과가 아닌 과정으로 만들어 주는 말하기를 아이들에게 계속 제시해야 합니다.

어떤 이유로 그렇게 도전했니?
그럼 어떤 방법을 또 쓸 수 있을까?

아이들이 실패할 때마다 꼭 물어보면 좋은 질문들입니다. 이 질문들을 통해 아이들은 다시 한번 더 배울 수 있는 힘을 낼 수 있게 됩니다. 도전의 과정에서 '실패하는 나'가 아닌 '성장하는 나'로 아이들이 자아를 형성할 수 있도록, 나는 할 수 있는 사람이라는 자기효능감을 마음속에 가질 수 있도록 도와주세요.

이 책에 소개된 사례들은 실제 인물을 기반으로 한 것이 아니라, 아동·청소년들이 자주 겪는 고민과 문제 상황을 바탕으로 구성한 가상의 이야기입니다. 다양한 사례를 통해 독자 여러분이 공감하고 이해할 수 있도록 재구성하였습니다.

사례 1.

(학습회피) 새로운 것에 대한 거부감이 강한 아이

　미래는 올해 5학년이 되는데 걱정이 하나 있습니다. 미래는 새로운 무언가를 하는 것을 싫어합니다. 물론 새로운 걸 아예 안 하는 것은 아닙니다. 보드게임이 질리면 다른 것을 하고 싶다고 하는 등 변화가 없는 것은 아니지만 항상 무언가를 해보자고 할 때마다 불편해하는 것이 느껴집니다. 이번에 평소에 친하게 지낸 아파트 친구들과 캠핑을 가기로 한 것에 불참하게 된 것도 새로운 친구가 한 명 낀다고 해서였지요. 그러다 보니 친구들도 예전부터 친했던 친구들이고 학원을 새로운 곳으로 옮기는 것도 거부합니다. 담임선생님께 여쭈어보니 교실에서도 발표하는 것을 무서워해서 시키지 않는다고 하더라고요.

　예전에는 그냥 부끄러움이 많은가 보다, 나중에 더 크면 괜찮아지겠지 했는데 아이가 나쁜 행동을 하는 것은 아니지만 이래도 괜찮은 건가? 하는 생각이 조금씩 듭니다. 미래가 싫다고 하는 것은 스트레스를 주는 것 같아 가급적 시키지 않았는데 우리 아이 지금처럼 크도록 해도 괜찮은 걸까요?

이렇게 해볼까요?

그렇군요. 지금까지 딱히 문제가 생긴 것은 아니지만 이게 맞나 싶은 마음에 여러 가지 생각이 드실 것 같아요. 큰 불편함이 있거나 적응을 못하는 것은 아니지만 뭔가 아이에게 도움이 필요하지 않을까 하는 생각이 들 때가 있지요. 이러한 생각이 들 때에는 아이가 현재 가지고 있는 방향성이 아이의 행복에 도움이 되는지, 아니면 조절하는 훈련을 한다면 더 행복하게 지낼 수 있을지에 대한 질문을 하는 것이 필요할 것 같습니다. 미래가 무언가 새롭게 도전하지 않다 보니 문제가 되는 것은 없지만 그래서 미래가 하고 싶은 것을 못하고 있지는 않나요? 또는 미래는 불편하지 않더라도 미래가 더 잘할 수 있을 것 같은 일들을 충분히 자신의 역량만큼 발휘하지 못하고 있진 않은지 살펴보세요.

새로운 것을 하기 싫어하는 것이 스트레스가 되어서, 변화가 많이 나타나는 학기 초 또는 처음 입학할 때라면 정서적 안정감을 중요하게 여겨 푹 쉬게 해주는 것도 좋을 것 같지만 이제 5학년이 될 테니 어느 정도 학교생활에 안정감을 얻었을 테고 새로운 것들에 스트레스는 받지만 도전해 보아도 충분히 이겨낼 수 있지 않을까 하는 생각이 듭니다. 지금 미래에게는 불편함과 불안함을 살펴보고 그것을 눌러 주면서 견디는 연습이 필요할 것 같습니다. 미래와 함께 새로운 것을 도전할 때 어떤 것이 걱정되는지, 그것이 왜 걱정되는지 물어보고 이야기를 잘 들어 주세요. 그것을 바탕으로 걱정을 스스로 적절하게 조절하고 견디면서 조금씩 활동을 넓힐 수 있도록 도와준다면 앞으로 더 많은 새로운 것들도 접할 수 있지 않을까 합니다. 예를 들어 다른 학원으로 바꾸는 것을 싫어할 때에는 이렇게 이야기를 나눌 수 있겠습니다.

1) 걱정되는 것에 대한 이야기를 나누어 보아요

"미래야 왜 다른 학원에 가기 싫어? 어떤게 걱정되니?"

"전 여기가 좋아요. 선생님도 친절하고. 거기는 더 어려워지잖아요. 잘 못할 것 같아요. 자신이 없어요."

"그렇구나. 또 걱정되는 것이 있니?"

"학원 친구들도 다시 사귀어야 해요. 지금 친하게 지내고 있는 지민이랑 떨어져야 하고. 모르는 애들이 많을 텐데 너무 불편할 것 같아요. 그리고 다른 애들이 그러는데 숙제도 많대요. 너무 피곤할 것 같아요."

"미래는 그런 것들이 걱정되었구나. 그래, 그런 생각이 들면 학원 옮기기 싫다는 생각이 들 수도 있을 것 같아. 친구랑 멀어져야 할 수도 있고, 선생님도 바뀌고. 그런데 미래는 다른 학원에 아예 가기 싫은 거니? 아니면 이런 것들이 걱정되어서 안 가고 싶은 거니?"

"걱정이 되기도 하고 가기도 싫어요."

2) 걱정에 대한 불안을 낮추어 주어요

"그렇구나. 만약에 엄마, 아빠가 미래가 걱정하는 일들이 일어나지 않도록 최대한 도와준다면 어떨 것 같아? 미래가 무서워하는 일들이 일어나지 않도록 새로운 선생님에게 미래가 걱정하는 걸 말씀드리는 거야. 그러면 미래는 좀 괜찮아질까?"

"음…. 잘 모르겠어요."

"미래야. 엄마, 아빠는 미래의 신중한 마음이 정말 좋아. 미래의 신중한 마음 덕분에 엄마, 아빠도 미래랑 있으면 너무 안심이 돼. 그런데 엄마, 아빠는 더 멋진 미래가 될 수 있도록 도와주는 역할도 해야 해. 그래서 미래만 괜찮다면 이번에 다른 학원을 꼭 가보았으면 좋겠어. 왜냐하면 엄마, 아빠가 봤을 때는 미래가 이 학원을 참 즐거워할 것 같거든. 물론 힘들 수도 있지만 대신 엄마, 아빠가 최대한 도와줄게. 미래가 불편하거나 힘이 들 때 엄마, 아빠에게 오면 우리가 응원도 해주고 많이 힘들면 다시 원래의 학원으로 돌아갈 수도 있어. 우리가 그렇게 도와준다면 조금은 괜찮을 것 같니?"
"음…."

3) 과거의 비슷한 경험을 제시해요
"미래가 처음 4학년이 되었을 때에도 걱정을 많이 했지. 선생님도 바뀌고 반 아이들도 바뀌어서 학교에 가는 게 힘들다고 했던 기억이 나네. 지금은 어떻니? 학교는 재밌니?"
"네. 잘 지내고 있어요."
"미래야, 이번에 학원을 바꾸는 것도 예전과 비슷할 거야. 처음에는 무서울 수 있지만 분명 예전에 미래가 잘해온 것들처럼 이번에도 즐거운 일들이 생길 거야. 엄마, 아빠가 도와줄게."
"…그럼 한번 해볼게요."

4) 도전하는 모습에 대한 강화를 제공해요
"그래, 힘들면 다시 한번 꼭 이야기해 줘. 이번 경험이 미래에게는 분명 더 도움이 될 거야."

이렇게 이야기를 나눈 후 새로운 학원에 잘 다녀온 미래와 이야기를 나누며 미래가 걱정하고 불안해했던 일들이 실제로 일어나지 않았다는 것과 미래가 즐겁게 잘 다녀온 경험을 한 번 더 상기시키며 1) 불안이 실제로 일어나지 않음을 경험을 통해 증명하고 2) 불안함을 잘 통제한 미래 자신에 대한 강화를 해주면 더욱 좋을 것 같습니다.

5) 새로움에 대한 왜곡된 생각을 확인하고, 현재 도전한 모습에 대한 강화 및 피드백을 제시해요

"어때, 미래가 생각한 일들이 실제로 일어났니?"

"아니요. 일어나지 않았어요."

"이번 학원은 어땠니? 즐거웠니?"

"네, 너무너무 즐거웠어요!"

"그래, 미래가 용기를 낸 덕분에 지금의 즐거움을 느낄 수 있었어. 잘했어. 이렇게 새로운 일을 할 때면 우리는 불안해지기도 하지만 그만큼 재미있는 것들도 발견할 수 있어. 다음에도 재미있는 새로운 일이 생긴다면 우리 같이 해보자. 그럼 다음에도 잘할 수 있을거야."

이렇게 다섯 가지의 단계를 통해 아이가 천천히 새로움에 대한 거부 반응을 스스로 조절하며 인내하고, 도전하는 자신에 대해 긍정적인 자아상을 가질 수 있도록 도와주세요. 새로운 도전들과 함께 한 발짝씩, 미래의 세상이 점점 더 넓어질 수 있다면 좋겠네요!

사례 2.
(주의집중) 수업 시간에 전혀 집중을 못하고
자꾸 딴짓을 하는 아이

저희 도영이는 이번에 1학년이 되었습니다. 담임선생님께서 도영이가 수업 시간에 집중을 너무 못하고 다른 아이들이 책을 필 때 다른 것을 하고 있다든지 활동을 하거나 그림을 그릴 때에도 옆에서 챙겨주지 않으면 수업을 전혀 못 따라온다고 하시더라고요. 도영이가 도움을 받을 수 있도록 병원에 가보는 것도 좋겠다고 조심스럽게 말씀해 주셨는데 아직 5월인데 시간이 지나면 나아질지, 더 두고 보아야 할지 고민이 됩니다. 사실 유치원에서도 집중을 못 한다는 이야기를 들었습니다. 그 당시 선생님의 추천으로 ADHD 검사도 6살인가, 7살에 받긴 했는데 검사 결과로는 ADHD가 아니라고 나왔던 것으로 기억해요. 1학년 때는 새로운 환경에서 시작되는 것들이 많아 적응이 어려워서 이런 일이 발생하기도 하겠죠? 이미 심리검사도 받았던 터라 지켜보고 있었는데 우리 아이가 ADHD인 걸까요? 여기에서 제가 무엇을 더 할 수 있을지 궁금합니다.

이렇게 해볼까요?

　많이 고민되실 것 같아요. 요즘은 ADHD와 관련된 질문을 정말 많이 받는 것 같습니다. 아이들도 ADHD에 대해서 많이 알고 있고 무언가 깜빡하거나 집중이 안 될 때 "나 ADHD 아니야?"라는 말을 사용하는 학생들도 많아 저도 놀랄 때가 있지요. ADHD의 주요 증상인 주의력 결핍과 과잉 행동은 누구나 경험할 수 있는 일상적인 현상이기에 자신이 ADHD에 해당한다고 착각하는 경우도 많은 것 같습니다. 사실 ADHD로 진단받기 위해서는 정신건강의학과에서 종합심리검사(Full Battery Assessments, FBT)를 통해 여러 가지 심리검사를 진행하고 그 결과를 종합적으로 판단하는 과정이 필요합니다. 상당히 시간이 걸리는 작업이지요. 단순히 주의력을 향상시켜 주는 약이라는 잘못된 인식으로 많은 사람들이 처방받으려 한다고 들었지만 진단이 필요하지 않은 사람에게는 효과가 없습니다. 또한 ADHD 학생들은 학습에 어려움을 겪지만 충동성 조절로 인하여 교우관계에 어려움을 겪기도 하며, 반복된 작업을 어려워하므로 인내하며 결과물을 만들기 힘들어하여 자존감의 하락을 겪기도 합니다. 따라서 학습태도와 관련된 부분들뿐만 아니라 아동의 여러 가지 행동들을 종합적으로 고려해 보는 것이 필요합니다. 하지만 무엇이든 초기에 문제가 있다면 필요한 여러 가지를 살펴보고 도움을 받는 것은 매우 좋은 의견이라고 생각합니다. 특히 정신건강에 관련된 문제는 어린 시절의 도움이 앞으로의 많은 것들에 영향을 미치기 때문입니다.

유치원 때부터 지속되어 왔다면 학교에 오면서 적응으로 인해 나타나는 문제는 아닐 가능성도 높을 것 같습니다. 검사를 더 받을 필요가 있을까 싶을 수도 있지만 실생활에서 느끼는 어려움들도 진단에 중요하게 고려되기 때문에 초등학교에 입학한 지금 검사를 한 번 더 받아 보시는 것은 좋을 것 같아요. 무언가 진단받겠다는 마음보다는 예방적 관점에서, 그리고 아동에게 어떤 지원이 더 필요한지 알아본다는 마음으로 받아 보시면 어떨까 합니다. 그리고 이번에는 병원에서도 아동의 학교생활의 어려움에 대해 알 수 있도록 담임선생님께 아동의 행동을 적은 의견서를 부탁드려 함께 이야기해보면 더 도움을 받으실 수 있을 것 같아요.

1) 아동이 집중하지 못하는 이유에 대해서 살펴보아요

도영이는 왜 집중하는 것에 어려움을 겪고 있을까요? 학교 수업의 내용이 너무 어렵다 또는 쉽다고 느끼고 있어서, 너무 지루해서 참여하고 싶지 않아서, 참여하려고 노력은 하고 있지만 집중력을 지속하는 것이 본의 아니게 너무 힘들어서 등 여러 가지 이유가 있을 수 있습니다. 각 이유에 따라서 개입 방법이 달라집니다. 학교 수업의 내용이 어려운 경우 학습에 대한 추가적인 지원이 필요합니다. 아동에게 미리 예습을 시켜 학교 수업에 대한 이해를 돕거나 1:1로 아동의 학습을 지원해 주는 등 다양한 방법을 통해 학습을 따라잡을 수 있게 도와주어야 합니다. 만약 학습 내용이 쉽거나 지루해서 참여하고 있지 않다면 하고 싶지 않은 일들을 하며 인내하는 방법을 가정에서 찾아볼 필요가 있습니다. 물리적인 보상은 추천드리지 않지만 부모와의 보상 놀이 시간, 토큰 경제 등 아동에게 도움이 되는 보상은 여러 가지가 될 수 있습니다. 하지만 사실은 이해가 되지 않는 내용인데 그렇게 말하기는 자존심이 상해서 쉽다거나 지루하다고 표현하는 아이들도 많으니 아동의 학습 상태를 잘 점검하여 주의 깊게 살펴보는 것이 필요합니다. 이러한 부분은 가정에서의 추가적인 도움으로 해결할 수 있습니다. 하지만 본의 아니게 자신이 충분히 노력하고 있음에도 불구하고 학습에 참여하는 것이 너무 어렵다면 전문 기관의 도움이 필요합니다.

2) 학교에서의 기능을 돕기 위해 공동의 목표를 세워요

저는 학교의 상담교사로 근무하며 아동의 발달을 위해 지원하는 모든 사람, 기관들이 공동의 목표를 세우는 게 정말 중요하다고 매번 느낍니다. 한 아이를 지원하기 위해서 병원, 상담센터, 학원, 학교 등 많은 자원들이 활용되는 경우가 많습니다. 각 기관에서 아동을 최선을 다해서 돕고 있지요. 하지만 병원에서의 목표, 학교에서의 목표, 가정에서의 목표를 따로따로 세운다면 각각의 치료나 처치가 반감될 수도 있습니다. 기관마다 우선순위로 두는 것이 다르기 때문입니다. 병원의 경우 처방을 통한 증상의 완화, 상담실에서는 기법에 따라 차이가 있겠습니다만 아동의 정서적 안정을 목표로 아동이 겪고 있는 심리적 문제를 다루는 것을 최우선 목표로 할 것입니다. 학교는 아동의 학교 적응을 최우선으로 하죠. 다 비슷해 보이지만 현장에서 작용할 때는 불협화음이 나기도 합니다. 현재 아동이 학교에서의 기능에 큰 어려움이 있다면 담임선생님과 학부모님 그리고 관련되어 도움을 줄 수 있는 선생님들이 함께 모여 아동의 학교 적응에 대한 장·단기 목표를 세우고 이를 병원이나 아동이 다니는 발달센터나 상담센터와도 공유하여 내·외부에서 공통된 목표를 세우고 아동의 행동수정 및 발달에 도움을 주는 것이 효과적일 것입니다.

먼저 아이를 잘 살펴보며 가정에서 아동에게 필요한 도움을 제공해 봅시다. 그리고 가정에서의 도움에 한계를 느낀다면 저학년 때의 빠른 개입은 앞으로 큰 도움이 될 수 있기 때문에 편한 마음으로 병원에 한번 방문해 보시고 담임선생님, 그리고 아동을 도와줄 수 있는 다른 전문가들과도 공동의 목표를 세워 1학년이 끝나기 전에는 수업 시간에 적응하여 활동할 수 있게 도와준다면 아동에게 많은 도움이 될 것 같습니다.

사례 3.
(학습불안) 시험 점수가 낮게 나올 때마다 등교거부하는 아이

요즘 지수가 속을 썩입니다. 지수는 말도 잘하고 야무져서 별명이 똑똑이입니다. 호기심도 많다 보니 학교에 들어가는 걸 굉장히 기대했었어요. 실제로 학교 수업에서 집중을 잘해서 칭찬도 많이 듣고 그날 무엇을 배웠는지 저에게 따로 이야기도 해줄 정도로 배우고 공부하는 것을 굉장히 좋아했는데 최근에 학교에서 받아쓰기를 할 때마다 너무 스트레스를 받는 것 같더라고요. 공부를 못하는 건 아니에요. 오히려 받아쓰기 점수는 좋습니다. 거의 만점이에요. 그런데 하나라도 틀리거나 실수가 있으면 너무 속상해하고 집에 와서 울기도 합니다. 심하면 다음 날 학교에 가지 않겠다고 난리에요. 실제로 다음 날 등교할 때 운동장에 서서 교실에 안 들어가려고 했습니다. 처음에는 달래 주었는데 매번 시험을 칠 때마다 그러니 대체 왜 그러나 싶고, 지수에게 잘해야 한다고 말한 적도 없는데 지수가 학습에 대해 너무 스트레스를 느끼는 것 같아 의아합니다. 우리 지수 왜 그러는 걸까요? 어떻게 하면 지수를 도와줄 수 있을까요?

이렇게 해볼까요?

학기 초에 운동장을 보면 교실에 들어가기 싫어 가만히 서있거나 아주 천천히 가는 친구들이 생각보다 많더라고요. 울고 있는 친구들도 종종 보입니다. 친구랑 싸워서 교실에 들어가기 싫은 아이, 숙제를 안 해서 들어가기 싫은 아이, 이유도 다양한 것 같아요. 저마다 고민은 다르지만 학교에서 해야 하는, 앞으로 일어날 수 있는 걱정되는 일들로 인해 등교하는 것이 싫어지지요. 마치 에베레스트를 등반하는 것처럼 한숨 쉬며 계단을 하나씩 올라가는 아이들을 볼 때면 어른인 저희가 보았을 때는 아무것도 아닌 것 같아도 아이들에게는 그것들이 처음 겪어 보는 시련일 수도 있겠다 싶었습니다. 지수의 작은 어깨에는 어떤 생각들이 담겨져 있는 걸까요. 지수에게는 다시 한번 학습에 대한 동기가 자신에게 향할 수 있도록 시간을 들여가며 도와주어야 할 것 같습니다. 어떤 도움을 줄 수 있을지 함께 살펴볼까요?

1) 아이와 함께 학습에 대해서 이야기해 보아요

가장 먼저 무엇이 아이를 학교에 가기 싫을 만큼 힘들게 하는지 이야기 나누어 보아요. 사실 지수도 학교에 가기 싫은 것은 아닐 거예요. 학습에 대해서 이야기를 나누어 보며 지수가 무엇을 중요하게 생각하는지, 어떤 것에 스트레스를 받는지 알아봅시다. 지수는 뚜렷한 해결책을 원하는 게 아닐 수도 있습니다. 아이들이 원하는 건 학교에 안 가는 것이 아니라 좌절에서 찾아오는 이 괴로움을 내가 믿을 수 있는, 위로받을 수 있는 어른과 이야기를 나누는 것일 수도 있지요. 그리고 그 위로의 힘은 생각보다 큽니다.

2) 결과가 아닌 과정에 집중해 주세요

결과가 아닌 과정에 중심을 둔 칭찬을 해야 한다는 이야기를 많이들 합니다. 이번 이야기에서도 왜 우리는 결과로 칭찬을 하면 안 되는가를 느낄 수 있습니다. 결과만 칭찬하면 그러한 결과를 달성하지 못했을 때의 스스로를 긍정할 수 없고 또 좋은 결과를 유지하고 있다고는 하지만 언제 바뀔지 모르는 결과 때문에 항상 점수에 불안해하지요. 하지만 부모가 의식적으로 또는 무의식적으로 결과를 강화하는 말을 하지 않았더라도 이런 반응에 집착하고 중요하게 생각하는 아이들도 분명히 있으니 탓하실 필요는 없습니다. 결과를 통해 자신을 인정받고 증명해 나가는 과정을 통해 긍정적인 자아상을 가지는 것은 훌륭하지만 인정받고 싶다는 욕심이 아동의 자아상을 앞질러가서 아동의 목줄이 되지 않도록 살펴보는 것이 필요합니다. 사람을 좋아하고 의존적인 경향이 있는 아이들일수록 이런 모습들이 더 많이 보이는데요. 이것은 성격적인 부분이기 때문에, 바꿀 수 없기도 합니다. 만약 이러한 경향이 강한 아이라면 더더욱 시간을 들여가며 결과가 아닌 과정에 집중해서 아이의 자아상을 강화해 주는 장기간의 시간이 필요할 것 같습니다. 내 뜻대로 되지 않았던 시험이나 학습의 결과에 좌절하며 하루하루 견뎌 나가는 아이의 모습을 계속 강화해 주세요. 그러면 아이들은 이 고통과 좌절을 실패한 학습의 결과물이 아닌 자신이 발전해 나가는 과정으로 받아들일 수 있게 됩니다. 이 좌절의 경험을 잘 이겨낼 수 있다면 아이들의 자존감에 정말 중요한 양분이 됩니다.

3) 아이의 고통 이야기에 함께 참여해 주세요

지금의 어려움을 대하는 태도가 나중에 아이들이 어려움을 겪었을 때 나타나는 태도가 될 거예요. 이 소중한 경험을 잘 이겨낼 수 있도록 곁에 머물면서 아이들의 고통에 대한 이야기를 집중해서 들어 주세요. 다소 귀가 아프고 답답하더라도 분명 그만한 가치가 있는 일입니다. 혹여 듣는 것이 너무 힘들다면 '학교에서 힘들었던 일 말하기 시간'을 하루 20분씩 따로 정하여 그 시간에만 말하고 나머지 시간에는 마음노트 같은 것을 마련하여 아이들이 자신의 마음을 적어 두고 정해진 시간에 말할 수 있게 하는 것도 하나의 방법입니다. 핵심은 아이의 힘들었던 일을 들어 주는 시간만큼은 온전히 모든 집중이 아이에게 향해 있는 것입니다. 집중하지 못하는 상태에서 또는 다른 일을 하며 건성으로 듣는 것보다 각 가정의 상황에 따라 들어 줄 수 있는 시간을 정하고 그 시간에 집중해서 들어 주는 것이 더 바람직합니다.

이렇게 3가지 방법을 통해 지수의 학습불안에 대해 이야기 나누어 보았는데요. 핵심은 결과가 아닌 과정에 집중을, 아이의 좌절 경험에 깊게 공감하고 들어 주는 것입니다. 불안하다는 건 그만큼 성장하고 싶은 마음이 있다는 것이지요. 다만 그것이 주변 사람들과 자신을 힘들게 하고 있다면 어느 정도 수준으로 조절하고 이것을 풀어 나가는 자신만의 해소 방법을 찾아보아야 할 것 같습니다. 우리 지수의 성장을 항상 응원하겠습니다.

사례 4.

(학습흥미) 학습에 도무지 관심이 없는 아이

우리 우주는 4학년입니다. 우주는 공부에 크게 관심이 없어요. 공부를 못하는 것까지는 아니지만 중하위권에 머물러 있습니다. 저학년 때까지는 공부를 곧잘 했는데 내용이 좀 어려워지면서부터 관심을 잃더라고요. 저와 남편 모두 우주가 공부에 관심을 가지면 좋기야 하겠지만 억지로 시키는 건 내키지 않아서 초등학생이기도 하니 그냥 좋아하는 태권도나 축구만 시켰습니다. 그런데 우주 주변 친구들이 점점 공부에 시간 투자를 많이 하더라고요. 주변의 엄마들과 이야기를 나누어 보면 벌써 중학교 과정을 배운다는 아이들도 있고…. 저희도 우주에게 더 공부하고 싶은지 물어봤는데 자기는 괜찮다고 합니다. 우주의 생각이 그렇다면 내버려둬도 되지 않을까 하는 마음이 드는데 주변에서는 너무 늦었다고 성화에요. 그래도 우주가 공부에 관심이 없다면 저희는 아직 때가 아닌가 보다 싶은데 이런 아이가 학습에 관심을 가질 수 있도록 하는 방법도 있을까요?

이렇게 해볼까요?

"공부를 안 하는 것이 그렇게 문제일까?", "요즘은 돈을 버는 방법도 여러 가지이기도 하고 관심이 없다면 꼭 공부를 시킬 필요는 없지."

공부에만 많은 관심을 가졌던 예전과는 다르게 아직 어리니 건강하게만 지내면 괜찮겠지라고 생각하시는 부모님들도 요즘엔 꽤 계시는 것 같아요. 개인적으로도 초등학생 때의 다양한 경험이 성장에 큰 양분이 되기도 하고 자유로운 환경에서 자연스럽게 배우고 싶은 것들을 탐색해 나가는 게 아이들에게도 굉장히 좋지 않을까 생각하기도 합니다. 저 또한 아이들이 더 크기 전에 학습적인 것보다 감성이나 정서에 관련된 것들을 많이 가르쳐 주고 싶더라고요. 그런데 학생의 본질적인 역할은 학습인지라, 공부가 아이들의 자신감과 자존감에도 많은 영향을 끼쳐 공부를 빼놓을 수 없을 것 같습니다. 아마 우주 부모님께서도 비슷하게 느끼셨겠지요. 아이들이 스스로 재미있는 것들을 하다가 자연스럽게 배우고 싶은 것들을 찾고 그것을 학습하고 개발시켜 나가는 게 가장 이상적이겠지만 현실적으로는 쉽지 않은 이야기일 것 같습니다.

공부를 잘할 필요는 없지만 학습의 과정에서 우리는 앞으로의 인생을 살아가는 데 중요한 것들을 배웁니다. 내가 원하는 목표를 설정하고 이를 책임감 있게 달성하려는 태도와 누군가의 기대에 응하며 성장하는 기쁨을 겪는 것이 중요한 것은 학생뿐만이 아닐 겁니다. 양육태도검사(Parenting Attitude Test, PAT)를 진행하면 아동에 대한 부모의 통제와 압력에 대한 문항들이 있습니다. 압력이라고 하면 부정적인 것이 아닐까 하는 생각이 들 수 있지만 적절한 수준의 압력은 아이들의 성장을 자극하고 아이들이 자신의 최선의 모습(Best version of self)을 찾을 수 있도록 돕습니다. 오히려 압력이 존재하지 않을 때 아이는 길을 잃기도 합니다. 누군가에게 기대받지 못한다는 사실이 아이들의 성장을 가로막기도 하지요. 따라서 부모는 자녀를 잘 살펴보고 어느 정도의 압력을 제공했을 때 아이가 더 잘 성장할 수 있을지 관찰하며 촉진제의 역할을 해야 합니다. 따라서 학습에 너무 관심이 없다면 아동이 학습에서 얻을 수 있는 중요한 경험들을 쌓을 수 있도록 어느 정도의 압력을 제공하는 것이 권장되겠습니다. 다음과 같은 3가지를 살펴보고 우주를 자극할 수 있다면 우주가 더 나은 나를 만들어 나가는 데 도움이 되지 않을까 합니다.

1) 아이가 어느 정도의 학습 능력을 가지고 있는지 살펴보아요

압력을 주어야 하는 건 맞지만 그것이 과하게 된다면 아이를 다치게 할 수도 있겠지요. 우주가 어느 정도의 학습 능력을 가지고 있는지 먼저 살펴봅시다. 이때의 학습 능력은 지금 가지고 있는 것뿐만 아니라 앞으로의 잠재적인 학습 능력과 수준을 살펴보면 좋겠습니다. 이를 위해서 학급의 담임선생님 또는 우주의 학습에 관여하고 계신 다른 전문가분들과도 이야기를 나누어 보면 좋겠지요.

2) 자신이 해야 하는 학습의 양과 책임감을 느끼게 해주세요

우주는 현재 자신의 학습에 대해서 어떻게 느끼고 있나요? 아예 자신이 해야 하는 일에서 빼놓고 있지는 않은지 살펴봅시다. 우주와 함께 학생 때 배워야 하는 여러 가지들 중에 학습 또한 있다는 것을 알려 주고 우주가 해야 하는 양을 함께 계획하되 일의 주체는 우주임을 알려 주세요. 그리고 할당된 학습에 대해 책임감을 느낄 수 있도록 해주세요. 학습을 누군가가 시키는 일이 아니라 자신의 일이라는 생각을 먼저 깨우쳐 줄 수 있으면 좋을 것 같습니다. 이를 위해서 장기적인 목표, 자신의 꿈, 자신은 어떤 사람이 되고 싶은지 등에 대한 이야기를 나누며 이상적인 나의 모습과 학습을 일상에서 연결시킬 수 있도록 해주세요.

3) 목표를 세우고 달성하는 것에서 즐거움을 느낄 수 있도록 해주세요

이상적인 자신과 학습의 연결성을 바탕으로, 책임감을 가지고 목표를 향해 나아가는 자신의 모습에서 즐거움을 느낄 수 있도록 이끌어 주세요. 이때는 우주의 의지보다 우주가 하고 싶지 않지만 해야 한다고 스스로 판단해 행동하는 모습들을 포착할 때마다 강화해 주는 것이 필요합니다.

이번에는 학습에 흥미가 적은 우주에 대해서 이야기해 보았습니다. 이러한 아이에게는 장기간의 관점으로 아이가 생각하는 이상적인 자신의 모습과 학습을 연결시켜 주고 학습에 책임감 있는 주도성을 가지며 목표를 달성함에 성취감을 느끼게 해주는 것이 중요합니다.

매일이 즐거운 우주에게 학습이 또 다른 재미를 선물할 수 있기를 바랍니다.

사례 5.
(학습인내) 숙제 시간, 공부 시간을 힘들어하는 아이

　겨울이는 숙제를 해야 할 때 마음대로 되지 않으면 소리 지르며 화를 냅니다. 그래도 분이 풀리지 않으면 울기도 하고요. 공부를 좋아하는 것 같으면서도 이렇게 숙제 시간이나 공부 시간을 싫어하니 어떤 것이 아이의 진짜 마음인지 모르겠습니다. 본인이 더 잘하고 싶어서 어려운 문제집으로 바꿔 달라고 이야기하고 있는데 과연 이 문제집으로 바꾸면 또 얼마나 짜증 내고 울지 걱정스럽기도 하고요. 반에서도 혹시 그러면 어쩌나 담임선생님과 이야기 나누어 봤는데 다행히 학교에서는 전혀 그런 모습을 보이지 않는다고 합니다. 오히려 반에서는 침착하고 모범적이라고 칭찬을 많이 듣기도 하고요. 아이가 스트레스를 받는 것 같아 모르는 문제는 안 풀어도 된다고 하거나 이번 숙제는 안 해도 괜찮다고 말하기도 하는데 아니라고 꼭할 거라고 합니다. 그런데 막상 숙제를 시작하거나 어려운 문제가 나오면 책상에서 울거나 너무 힘들다고 불만을 이야기합니다. 무엇이 힘든 것인지, 걱정되는 것인지 물어봐도 '아니야, 괜찮아.'라고 해서 답답합니다. 다른 집 아이들도 다 그렇게 하고 있는 건지, 우리 겨울이가 유독 그러는 건지도 궁금하고요. 이럴 때는 어떻게 하면 좋을까요?

이렇게 해볼까요?

    그렇군요. 고생이 정말 많으시겠어요. 그런 아이의 모습을 옆에서 지켜보는 게 사실 쉬운 일은 아니지요. 겨울이는 분명히 학습에 대한 의지도 있고, 어려운 문제는 건너뛰어도 된다고 했는데 꼭 풀고 싶다고 하는 것을 보아 본인의 능력 또한 믿고 있는 학생인 것 같습니다. 주체성과 자기효능감이 모두 갖추어져 있는 상태이군요. 하지만 그럼에도 불구하고 학습에 어려움이 있을 수도 있습니다. 겨울이는 지금 학습의 과정에서 인내하고 참는 과정을 힘들어하고 있는 것 같습니다. 학습은 단순히 의자에 앉아만 있는 것이 아니지요. 어려운 문제, 쉬운 문제를 넘나들며 나의 마음도 함께 요동칩니다. 배운 내용인데도 계속 문제가 풀리지 않을 때, 해설을 봐도 이해가 안 될 때는 정말 답답하고 속상하고 화가 나기도 하지요. 겨울이를 위해 다음과 같은 2가지 도움을 제시해 봅니다.

1) 감정조절 방법을 배우고 익혀요

평소엔 괜찮더라도 혼자 있을 때 감정이 올라오는 경우가 있습니다. 겨울이는 지금 숙제를 하거나 혼자서 공부를 할 때, 문제에 막히거나 마음대로 되지 않을 때 소리를 지르거나 우는 모습을 보이고 있는데요. 우리는 혼자 있을 때에 겪는 막막한 상황, 답답하고 당황스러운 상황에서 어떻게 감정을 조절할 수 있는지 배워야 합니다. 우리 겨울이는 혹시 충동성이 높진 않은가요? 충동성이 높은 아이들은 학습 과정에서 겪는 어려움에 더 민감하게 반응하기도 합니다. 잘 풀리지 않으면 연필을 던지거나 지우개를 부수기도 하지요. 그럴 땐 물을 마시러 잠시 거실로 나간다든지, 수학에서 영어, 국어에서 수학으로 다른 과목의 문제를 푼다든지, 세수를 하는 등 감정을 환기시키는 행동을 하면 지금 나의 불꽃 같았던 감정적인 충동이 줄어듭니다. 겨울이와는 감정이 올라왔을 때 어떻게 진정시킬 수 있을지 이야기를 나누어 보는 게 필요할 것 같습니다. 겨울이가 어리다면 방 어딘가에 방석 두 칸 정도의 공간을 만들어 '마음대피소'라고 이름 짓고 겨울이가 안정감을 느낄 수 있는 놀이들, 책들, 인형들 등 겨울이의 안정화를 도와줄 수 있는 것들을 두고 감정이 올라올 때마다 대피소에 갈 수 있도록 훈련시켜 주세요. 그러면 자연스럽게 겨울이가 감정을 조절하는 방법들을 익힐 수 있을 것 같습니다.

2) 노력하는 자신에 대한 성장의 서사를 만들어 줘요

겨울이는 하고자 하는 의지가 큰 학생인 것 같아요. 이러한 학생들에게 성장의 서사를 만들어 준다면 어려움을 견디는 인내심이 더 커지기도 합니다. 겨울이가 감정을 잘 조절하였을 때 성장하고 있는 겨울이의 모습을 알려 주세요. 숙제를 다 하였으나 감정조절에 실패하였을 때는 강화물을 제시하지 않고, 아이가 감정조절에 성공하며 숙제를 완성하였을 때 이전보다 나아지고 있는 겨울이의 모습이 엄마와 아빠에게 얼마나 큰 힘이 되고 있는지, 엄마에게 얼마나 기쁜 일인지를 알려 주세요. 어려운 일을 마치고 듣는 합당한 칭찬은 아이의 자존감 형성에도 큰 도움이 됩니다.

아이들에게 무언가를 견디고 인내하는 일이란 정말 엄청난 노력을 필요로 하는 일인 것 같습니다. 겨울이가 학교에서의 학습에서는 그렇지 않지만 가정의 학습 시간에 그러한 모습을 보이는 건 아마 엄마와 아빠에게는 자신의 이러한 모습을 보여도 된다는 생각과 당장 견디기 어려운 상황을 함께 견디어 달라는 의미도 분명히 포함되어 있을 것입니다. 아이가 힘들 때 부모에게 표현해도 되겠다고 판단하는 것은 부모로서도 굉장히 기쁜 일일 것입니다. 하지만 겨울이가 앞으로 더 성장하기 위해서는 자신의 감정을 적절하게 조절하는 방법을 학습해야 합니다. 그 과정에서 부모에게 혼나기만 해서는 짜증이 더 늘 수도 있겠지요. 부드럽고 온화하지만 단호한 방법들로 겨울이가 자신의 감정을 스스로 조절하는 과정을 지켜봐 주시고 조금이라도 조절되는 것이 느껴질 때는 그 노력을 많이 칭찬해 주세요. 이렇게 겨울이는 자신을 조절하는 방법을 조금씩 배울 수 있을 겁니다.

학교에서 수업하다 보면 모두가 의자에 앉아 있지만 어떤 아이는 학습을 하고 있고, 어떤 아이에게는 그저 시간이 흘러가고 있음을 관찰할 수 있습니다. 그럴 때면 저 아이를 생각하게 만들기 위해서는 무엇이 필요할지를 고민하게 됩니다. 도전 과제를 주고 싶다면 아동들의 동기를 잘 자극해야 합니다. 그러기 위해서는 아이들을 잘 알고 있어야 합니다. 이 아이가 어떤 것에 흥미가 있는지, 어떤 식으로 학습 내용을 전달했을 때 반응하는지 알아야 하지요. 그리고 여기에 자기효능감이 더해진다면 이것을 기반으로 아이들이 내가 할 수 있음을 믿고, 학습에 있어 도전을 하고 자신의 의사를 표현할 수 있게 됩니다. 의미 없이 복사, 붙여넣기를 반복하게 만드는 열 가지 과제보다 진심으로 생각하게 만드는 한 가지 과제가 아이들 마음속에 남습니다. 단순히 해야 하는 일을 하는 아이와 자신이 이 일을 왜 해야 하는지를 아는 아이의 눈빛은 분명히 다릅니다. 아이가 학습을 할 때는 2가지를 꼭 생각해 보세요. 우리 아이는 어떤 학습자일까, 어떻게 하면 아이에게 할 수 있다는 긍정적인 믿음을 줄 수 있을까.

질문과 함께 정리해 보는 우리 아이 학교생활

1. 이 챕터를 읽으며 가장 인상 깊었던 부분에 대해서 적어 보세요.

----

2. 내가 생각하는 우리 아이는 어떨 때 학습에 흥미가 생기나요? 아이의 평상시 모습을 떠올리며 아동이 좋아하는 매체, 자극에는 어떤 것이 있는지 생각해 봅시다. 그리고 그것을 살린 학습의 동기를 강화할 수 있는 요인에는 무엇이 있을지 생각해 보세요!

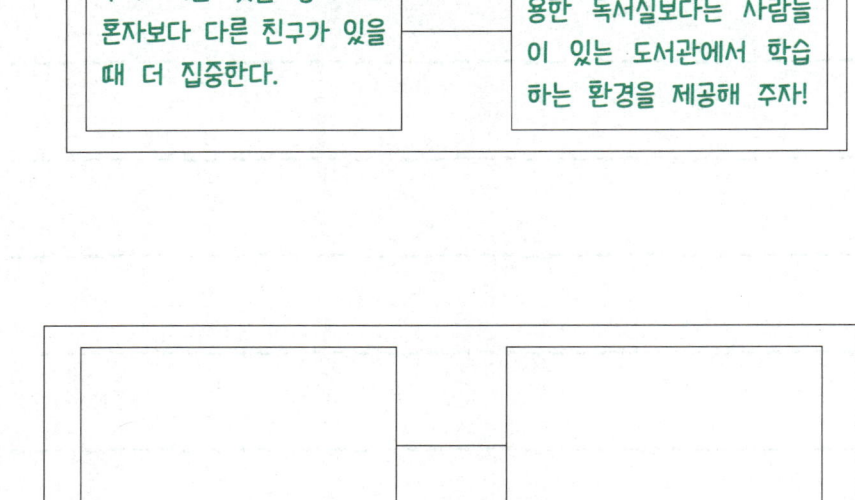

수다 떠는 것을 좋아하고 혼자보다 다른 친구가 있을 때 더 집중한다.

혼자보다는 그룹 스터디, 조용한 독서실보다는 사람들이 있는 도서관에서 학습하는 환경을 제공해 주자!

3. 우리 아이가 스스로 할 수 있다는 믿음을 가장 유지하기 어려워하는 순간은 언제인가요?

✿ 새로운 게임을 해야 하는 경우, 학원에 맨 처음 가게 되었을 때

CHAPTER

05

정서건강

학교생활에서 겪을 수 있는 우리 아이의 어려움: 정서건강

이번 영역에서는 '정서건강'과 관련된 이야기들을 해볼까 합니다. 우리는 동일한 세상을 살고 있는 것 같지만 그렇지 않습니다. 내가 가지고 있는 마음을 바탕으로 사실은 저마다 다른 세상을 만들어 그 속에서 살아가고 있지요. 감정은 마음에 있는 근육과도 같아서 어떤 감정을 자주 경험하고 표현하면 해당 감정의 힘이 강해집니다. 부정적인 감정을 더 살펴보고 표현하였다면 부정적인 세상이 더 잘 보이고, 긍정적인 감정을 더 살펴보고 표현하였다면 그런 세상이 보이게 됩니다. 우리가 마음속에서 만들어 내는 그 세상이 나의 현실 세상에도 큰 영향을 줍니다. 내 마음속에서 진정으로 나를 믿고 아낄 수 있는 세상이 존재한다면 밖의 세상 또한 나를 아끼고 사랑해 줄 겁니다. 그러기 위해 가장 필요한 것이 자존감입니다.

자존감은 무엇일까요? 쉽게 이야기해 보자면 자신을 사랑하는 것이라고 표현할 수 있을 것 같아요. 자신을 사랑하라. 아주 익숙한 말입니다. 우리는 평소에 스스로를 사랑하라는 말을 많이 듣습니다. 하지만 어떻게 하면 스스로를 사랑할 수 있는지에 대해서는 잘 들어 보지 못한 것 같습니다. 스스로를 사랑하기 위해서는 무엇이 필요할까요? 우선 스스로를 사랑한다는 것이 구체적으로 무엇인지 살펴보겠습니다. 스스로를 사랑한다는 것은 스스로가 매우 가치 있는 중요한 존재이며 긍정적인 존재라고 믿는 것이 필요합니다. 이것을 심리학적 단어로 살펴본다면 '자기효능감'과 '자기존중'이라고 볼 수 있겠습니다. 자기효능감에 대해서는 앞서 학습태도에서도 들어 보았지요? 자기효능감은 스스로 할 수 있다고 믿는 것입니다. 자기존중은 무엇일까요. 자기존중은 크게 보면 있는 그대로의 자신을 긍정적으로 받아들이는 것을 말합니다. 이때 긍정적으로 본다는 것은 무조건 좋게 평가하라는 것이 아닙니다. 다만 주변의 상황이나 타인의 태도와 판단으로 우리의 가치를 결정하는 것이 아니라 나 자체로 긍정적이게 볼 수 있는 것을 의미합니다. 타인을 존중하라는 이야기는 많이 들어 봤는데 스스로를 존중해야 한다는 이야기는 낯섭니다. 우리는 자기 자신에게 예의 있게 대하고 있나요? 조금만 잘못해도 다그치고 있지는 않은지, 나에게 제대로 된 식사와 휴식을 제공하고 있는지 여러 가지를 종합적으로 살펴보아야 하겠습니다. 우리 아이가 자기효능감과 자기존중을 가지고 있는지 살펴보기 위해서는 실패, 좌절에 대한 상황을 떠올려 보면 됩니다. 내가 성공했을 때, 좋은 일이 일어나며 승승장구하고 있을 때는 자기효능감과 자기존중을 유지하는 것이 쉽습니다. 따라서 정말 이것들을 가지고 있는지 보기 위해서는 우리 아이가 실패하고 어려움을 느낄 때에도 유지되고 있는지 살펴보면 됩니다. 누구나 살다 보면 삶의 무게에 삼켜지는 순간이 찾아옵니다. 나를 짓누르는 수많은 제약들, 시선들, 상황들 속에서 누구나 정서적으로 흔들리게 되는데 아이들을 돌보는 우리는 이 시점에서 선택의 기로에 있는 아이들을 지켜 주는 역할을 합니다. 어떤 선택이 좋은 선택인지 우리가 대신 정해 줄 수는 없지만 우리 아이들이 이 기로에서 어떤 선택을 할지에 대해 고민하도록 도와줄 수는 있습니다. 자신이 정말 원하는 것은 무엇인지, 자신을 해치지 않는 선택은 무엇인지를 건강한 자기효능감과 자존감을 바탕으로 고려하여 선택할 수 있도록 도와줄 수 있다면 아이들은 최선의 선택을 할 수 있을 것입니다.

정서적으로 흔들리고 있는 아이를 보면 부모의 마음도 흔들립니다. 아직 질문에 대한 답을 찾지 못하여 스스로 답할 수 없는 상황이 지속될 때 사람은 극도의 불안, 좌절감, 분노가 증폭되고 최악의 모습을 보이기도 합니다. 이때 아이에게 나타나고 있는 나쁜 변화들에만 주의를 기울이면 아이들을 도울 수 있는 기회를 찾을 수 없게 됩니다.

아이에게 무엇을 해줘야 할까. 우리 아이가 필요로 하는 것이 무엇일까. 문제 해결에만 초점을 맞추어도 마음이 답답해질 수 있습니다. 사실은 문제를 해결해 주는 것보다 아이가 그 시간을 견뎌낼 수 있도록 도와주는 것 자체가 중요합니다. 동일한 문제 상황에 놓이더라도 사람마다 자신이 갖고 있는 역량, 자원, 사고방식이 다 다르기 때문에 동일한 문제에 대해서 느끼는 스트레스도, 감정도, 해결 방법도 다릅니다. 어른인 우리가 생각하는 방법과 아이가 생각하는 방법이 다른 것은 어쩌면 당연하겠지요. 결국 누군가가 제시한 방법은 반쪽짜리 정답일 수밖에 없습니다. 또한 해결이 된다 하여도 스스로의 고민이 없다면 문제가 다시 반복되거나 해결해 줄 수 있는 사람에게 의존하게 됩니다. 만약 이 문제 상황이 아이의 안전에 관한 것이거나 지금 당장 해결해야 하는 것이 아니라면 아이에게 어느 정도 시간을 주며 감정을 올바르게 조절하고 견디며 해결해 나가는 것을 연습시킬 수 있는 귀중한 시간이 될 수 있습니다. 시간이 어느 정도 지나도 문제가 해결될 기미가 전혀 보이지 않는다면 그때 부모가 개입해도 충분할 것입니다. 아이들은 이 문제 상황 속에서 문제를 해결하고자 노력할 때 자신이 가지고 있는 대처 기술이 무엇인지, 자원이 무엇인지를 이해하게 됩니다. 문제가 해결되는 것도 중요하지만 이 과정에서 아이가 문제를 이겨낼 수 있는 대처 기술이나 자원을 찾는 것이 더 값집니다. 무엇보다 나를 안전하게 지켜 줄 수 있는 부모와 주변 사람들이 있을 때 이 힘을 가질 수 있도록 기회를 주는 것이 좋겠지요. 따라서 부모는 문제 자체에 지나치게 관심을 두기보다는 이것이 아이에게 어떤 정서적 반응을 일으키고 있는가를 살펴보며 견디어 나갈 수 있도록 해주어야 합니다. 이렇게 문제를 해결해 나갈 때 자존감은 큰 영향력을 발휘합니다.

예를 들어 아이의 단짝 친구가 이사를 가게 되어 슬퍼하고 있다고 해볼까요? 슬퍼하는 아이를 위해 힘이 되는 위로를 건네 봅니다. "그렇구나. 많이 속상했지? 이사 전까지 친구랑 재미있는 시간을 많이 보내자. 오늘은 우리 ○○이가 좋아하는 거 먹을까? 그 친구는 가지만 다른 친구들과 더 친해질 수 있을 거야." 하지만 이런 따뜻한 위로도 아이의 자존감에 따라서 다르게 느껴지지요. 나에게 일어난 사건은 객관적이지 않습니다. 내가 현재 느끼고 있는 것들은 모두 나의 뇌가 처리한 값으로 굉장히 주관적이고 개인적입니다. 내가 처한 상황을 어떻게 해석하고 있는지가 중요합니다. 자기효능감이 없는 아이라면 "이 친구가 가면 나는 어떻게 살아가지?", "나는 아마 이 친구와 같이 친해질 수 있는 다른 친구를 사귀지 못할 거야."라고 생각할 테고, 자기존중이 없는 아이는 "나를 좋아하는 친구들이 있을까? 나는 이 친구가 가면 혼자가 될 거야."와 같은 생각을 하게 될 것입니다.

친구와 이별하는 것은 슬픈 일이지만 내가 극복할 수 있는 문제라고 생각하는 아이와 이 상황이 나에게 파국을 가져다줄 것이라고 생각하는 아이의 정서적 고통의 강도는 다를 수밖에 없겠죠. 자기효능감이 없을 때는 내가 다른 친구들을 사귈 능력이 있는지에, 자기존중감이 없을 때는 내가 괜찮은 사람인지에 대한 확신이 없어 어려움을 겪습니다. 나에게 어려움이 생겼을 때뿐만 아니라 아무리 좋은 일들과 행운이 찾아와도 나에게 자기효능감과 자기존중을 바탕으로 한 자존감이 없다면 그 행운들을 제대로 느끼지 못합니다.

처음부터 모든 아이들이 자존감을 타고나지 않습니다. 자존감은 자신의 알을 깨고 나가는 과정에서 스스로에게 가지는 경이로운 감정입니다. 답을 찾는 것은 다른 사람들이 도와줄 수 있습니다. 하지만 나를 지지해 주는 것은 오직 아이들에게 소중하다고 인식된 선택받은 존재들만이 줄 수 있는 선물입니다. 아이들이 각자의 알을 깨고 본래의 가장 빛나는 모습을 찾아갈 수 있도록 마음속에 자존감을 키워 줍시다.

사례 1.

(자살사고) 죽고 싶다고 생각하는 아이

저희 딸 미주는 6학년 학생입니다. 최근에 담임선생님을 통해 미주가 친구들에게 죽고 싶다는 이야기를 한 걸 알게 되었어요. 너무 놀랐어요. 저희한테는 이런 이야기를 한 적이 없어서…. 힘들다고 이야기하긴 했는데 원래 잘 피곤해하고 투정이 많은 아이라 요즘 스트레스가 많나 보다 하고 평소처럼의 불평이라고 생각을 했거든요. 아빠는 괜찮다고, 그러면서 크는 거라고 하는데 제가 다 잘못한 것 같아요. 정말 행복한 아이로 키우고 싶었는데 어떻게 하면 좋을까요.

이렇게 해볼까요?

　매우 심란하고 무거운 마음 이해합니다. 아이들이 죽고 싶다는 생각을 한다는 말을 들을 때면 저 또한 깊숙이 무언가가 내려앉는 느낌이 들고는 합니다. 몇 번을 겪어도 익숙해지지 않는 것 같아요. 우리 한번 마음을 가라앉혀 봅시다. 아이들이 부모님 또는 선생님에게 말할 때 가장 걱정하는 부분은 어른들의 격렬한 감정입니다. 우리가 매우 중요하게 생각해야 하고 신경을 써야 하는 것은 맞지만 급한 마음에 다그쳐 묻거나 부모님이 자신을 탓하는 것은 아이들이 원하지 않고 도움도 되지 않기 때문입니다. 요즘 많은 아이들이 자살에 대한 생각을 합니다. SNS를 통해 이전보다 자신과 비슷한 생각을 하는 또래를 더 쉽게 찾기도 하고 또 사춘기가 일찍 찾아오며 삶과 존재에 대한 의미를 찾는 과정에서 죽음에 대해 생각하며 그 감정을 표현하는 것 같습니다. 죽고 싶다는 말이 하나의 유행어처럼 사용되며 이것을 '힘들다'는 의미로 표현하는, 또 다른 언어 사용으로 활용하는 분위기도 확실히 있는 것 같고요. 하지만 죽고 싶다는 말을 자녀가 할 때는 자녀의 고통을 진지하게 받아들이며 언제든 도움을 받을 수 있다는 확신을 주는 것이 중요합니다. 다음과 같은 4가지 방법으로 미주가 안전하고 건강하게 지낼 수 있도록 도와줘 봅시다.

1) 미주는 현재 어떤 마음인지 살펴보아요.

미주와 차분하게 이야기 나누어 봅시다. 이때 안전한 환경에서 이야기를 나누는 것이 좋습니다. 모르는 사람들이 있거나 낯선 장소보다 아이가 편하게 느끼는 장소에서 대화를 시작해 보세요.

"미주야, 여기 앉아 볼래? 사실 오늘 우리가 좀 놀랄 만한 소식을 들었어. 이미 알고 있을지 모르겠지만 오늘 담임선생님께 미주가 친구들에게 죽고 싶다고 이야기한다는 걸 들었거든."
"…"

"혹시 우리가 이거에 대해서 이야기 나누어 볼 수 있을까?"
"…싫어요."

"그래, 싫구나…. 다만 엄마는 지금 미주가 안전한지가 너무 중요하고 궁금해. 그래서 조금이라도 좋으니 말해 주었으면 좋겠어. 왜 그런 생각을 한 건지 말하기 어렵다면 언제부터 그런 생각이 든 건지 이야기해 줄 수 있을까?"

"…올해 학기 초부터 그런 생각이 들었어요."

이때 미주의 이야기에 너무 크게 반응하거나 미리 예측해서 마음을 넘겨짚지 않고, 감정은 표현해도 되지만 차분하게 이야기를 진행해 주세요. 그리고 미주가 걱정이 되는 것들을 하지 않겠다고 했음에도 불구하고 말하는 것을 강하게 거부하거나 지금 이야기를 나누고 싶지 않다고 한다면 부모님의 마음만 전달하고 기다리시는 것이 좋습니다.

"그래, 미주야. 지금은 이야기 나누고 싶지 않구나. 알겠어. 하지만 엄마는 지금 미주가 위험한 상황에 있는 것은 아닌지 걱정이 된단다. 미주가 준비된다면 이야기해 줄 수 있겠니? 혹시 말로 하는 것이 어렵다면 글로 적어서 줘도 괜찮아. 우리는 미주의 이야기를 기다리고 있을 테니 마음이 편할 때 이야기해 줘."

많은 아이들은 부모님과 이야기 나눈 후 무언가 바뀔까 봐, 부모님이 슬퍼하거나 자신을 너무 신경 쓰는 것은 아닐지 걱정합니다. 미주와 이야기를 나누었다면 그 후에는 평소와 같이 대해 주세요. 평소보다 더 신경을 쓰며 밥을 먹거나 쉴 때도 옆에 있으려고 하는 행동은 오히려 심적 부담을 불러일으킬 수도 있습니다. 평소와 같이 행동하되 학교에 가기 전 안아 주거나 자기 전 오늘도 미주와 함께 있는 시간이 얼마나 소중했는지 등 짧지만 강한 지지를 불러일으킬 수 있는 행동이 도움이 될 수 있습니다.

2) 자해 또는 자살을 시도한 적이 있는지 확인해요

미주에게 단순히 죽고 싶다는 마음이 들었던 것인지, 그것을 실제로 실행하기 위해 구체적인 계획을 짠 적이 있는지 물어보세요. 또한 자해를 한 적이 있는지 물어보고 도움이 필요하다고 판단될 경우 적극적인 대처를 해야 합니다. 특히 자해는 향후 스트레스에 대한 대처 방법으로 계속 사용하려 할 수 있으므로 주의를 기울여야 합니다.

"미주야, 혹시 죽고 싶은 생각들을 실제로 행동에 옮기거나 계획을 짠 적도 있니?"
"죽고 싶은 마음이 들 때는 어떻게 하니. 너를 해치거나 다치게 하고 싶다는 생각이 들기도 하니?"

내 자녀의 자해나 자살 생각들에 관련된 이야기는 매우 듣기 힘든 이야기입니다. 하지만 자녀 또한 부모이기에 말하기 힘든 이야기이기도 합니다. 아이가 자해 사실을 말하더라도 "그러면 안 돼!"와 같은 강한 반응보다 "그래, 그때 많이 힘들었나 보구나. 내가 미리 알고 있었다면 도와줄 수 있었을 텐데. 네가 그렇게 상처를 낼 만큼 힘들었다는 이야기를 들으니 미안하고 속상하구나." 등과 같이 공감적인 방식으로 접근하는 것이 좋습니다.

3) 언제든 도움받을 수 있음을 알려 줘요

아이와 대화를 나누었거나 나누지 못했을 때에도 언제든 도움을 받을 수 있음을 알려 주세요. 대화가 잘 이어졌다면 용기를 낸 자녀에게 고마움을 표시하며 언제든 이 이야기를 엄마, 아빠와 나눌 수 있다는 점을 말해 주세요. 만약 대화를 나누지 못했더라도 동일한 방법으로 언제나 도움을 청할 수 있으며 그것이 부모님에게는 큰 도움이 됨을 알려 주세요. 또한 밤에 혼자 있을 때 심리적 고립감이 증가하고 만성적인 불면 증상이 있는 아이의 경우 부정적인 생각이 몰아서 들며 죽고 싶다는 감정이 고조될 수도 있습니다. 새벽에도 긴급하게 도움을 받을 수 있는 곳을 알아 두고 방법을 안내해 주는 것도 좋습니다. 아동·청소년의 경우 청소년 1388, 교육부에서 운영하는 청소년모바일상담센터 다들어줄개(카카오톡)가 새벽에도 운영하는 것으로 알고 있습니다.

4) 자신을 미워하지 않게 도와줘요

죽고 싶다는 생각은 나를 안전하게 지키기 위해 작동하는 강력한 감정 중 하나입니다. 지금의 이 상황, 상태에 변화가 필요하다고 강한 신호를 보내어 내가 휴식을 취하거나 현재를 벗어나기 위해 행동할 수 있도록 알려 주지요. 고통스러운 내 마음조차 나를 지켜 주려는 것임을 알려 주세요. 마음속 깊이 있는 어두운 감정들을 부정하는 것은 크게 의미가 없습니다.

우리는 부정적인 감정들을 없애거나 거부하는 것이 아니라 나를 위해서 움직이고 있는 존재로 인식하고 수용하는 것이 필요합니다. 고통에 의미를 만들 수 있다면 그것은 이제 고통이 아닌 성장의 서사가 되기 때문입니다.

　미주의 이야기를 들으니 너무 마음이 아픕니다. 요즘 죽음에 대해서 생각하는 아이들이 참 많은 것 같아요. 이 터널만 지나면 펼쳐질 아름다운 다음 광경을 미주와 함께 볼 수 있기를 바랍니다.

사례 2.
(우울감) 우울해하는 아이

　세계는 원래부터 얌전하고 조용한 아이였어요. 책 읽는 것과 글쓰기도 좋아해서 어릴 때부터 종종 학급에서 글쓰기로 상을 받아오기도 했어요. 그런데 6학년이 되면서 세계가 좀 우울해하는 것 같아요. 혼자 있으려는 시간이 늘어나고 자주 피곤하다며 집에 오면 침대에 누워서 저녁 먹을 때까지 일어나지 않으려고 합니다. 나름대로 세계 입맛에 맞추어 반찬을 새로 해주었는데 먹는 둥 마는 둥 식욕이 없어 보이기도 하고요. 무슨 일이 있나 싶어 물어봤는데 그런 건 없다고 그냥 요즘 좀 인생이 재미없는 거 같다고 하더라고요. 혹시나 담임선생님께도 여쭤봤는데 학교에서 특별한 일은 없는 것 같았어요. 오히려 숙제도 잘하고 발표도 또박또박 잘해서 애들이 굉장히 신뢰하는 친구라고 하시더라고요. 애 아빠는 별게 다 걱정이라며 사춘기라서 그런 거라고 하는데 저는 혹시나 요즘 소아 우울증이 많다는데 그런 건 아닌지 걱정도 되고요. 어릴 때부터 워낙 감수성이 풍부하던 아이라 걱정입니다.

이렇게 해볼까요?

요즘 세계가 우울해 보여서 고민이 많이 되실 것 같아요. 특히 세계가 어릴 때부터 감수성이 풍부했던 아이라면 지금 겪고 있는 변화가 부모로서 더 걱정되실 수 있지요. 또래보다 인지적으로 성숙하거나 감각이 발달한 아이들은 이런 우울감을 더 잘 느끼기도 합니다. 나의 고통뿐만 아니라 세상의 고통까지 내 것처럼 느끼기도 하지요. 글쓰기에 재능이 있어 보이는 세계도 아마 여기에 해당할 수 있을 것 같아요. 그리고 아버님 말씀처럼 사춘기를 맞이하며 이러한 성향이 더 증폭된 것 같기도 하고요. 우울증으로 인한 것이든, 성향으로 인한 것이든, 사춘기로 인한 것이든 이 시기 아동의 감정 변화는 부모님의 섬세한 관심이 필요한 부분입니다.

정신건강 전문가들이 진단하고 치료 계획을 세울 때 주로 활용하는 DSM-5(Diagnostic and Statistical Manual of Mental Disorders)을 참고해 보자면 2주 이상의 우울감이나 흥미 상실이 지속되고 있는지 그리고 그와 동시에 식욕 변화(감소 또는 증가), 수면의 문제(불면 또는 과다), 피로감, 무가치감이나 죄책감, 활동성 변화(움직임이 줄어듦) 등의 부가적인 증상도 함께 동반되는 것이 우울증을 진단하는 데 크게 작용합니다. 우울감 또는 흥미 상실이 일시적이거나 단기간이어도 안 되고 지속적으로 나타나는 모습을 보여야 하죠. 세계에게 이러한 모습들이 보이는지 관찰해 보세요. 모든 정신건강 이슈는 조기에 개입하여 도움을 주는 것이 아동의 건강한 발달에 큰 도움이 됩니다. 사춘기로 인하여 우울감이 나타난다는 생각이 들 때는 먼저 전문적인 상담사의 도움을 받는 것도 좋을 것 같아요. 학교의 상담선생님, 지역 상담센터에서도 많은 상담 서비스를 제공하고 있습니다. 전문적인 상담사의 도움을 통해 우울감을 조절하는 방법을 배울 수도 있고 우울감을 표현하여 스트레스를 줄일 수도 있습니다. 실제로 많은 사춘기 아이들이 단기로 학교 상담실에 방문하여 자신의 고민들을 이야기하기도 합니다. 내 마음이 답답하여 폭발할 것 같을 때 이렇게 마음이 쉴 곳이 있다는 것은 굉장히 중요합니다. 그리고 세계에게 어떠한 도움이 필요할지 전문 상담사에게 자문을 받아 보는 것도 가능하니 필요하면 도움을 요청해 보아도 좋을 것 같습니다.

세계는 사춘기를 맞으며 새로운 모습으로 변화하고 있습니다. 많은 대화를 나누고 세계가 느끼는 감정을 지지해 준다면 세계가 마음의 안정을 찾는 데 큰 도움이 될 것입니다. 옆에 내가 행복하길 바라고 나를 걱정하는 사람이 있다는 것은 언제나 행복한 일이지요. 세계에게 어머님, 아버님이 옆에 있다는 것을 알려 주는 것은 큰 힘이 될 것입니다. 부담스럽지 않게 조심스럽게 다가가되 필요하다면 전문가의 도움을 고민해 보는 것 또한 현명하다고 생각합니다.

사례 3.

(자존감) 어떻게 하면 나를 사랑할 수 있을까 고민하는 아이

저희 민재는 소문난 모범생입니다. 공부도 잘하지만 마음도 따뜻하여 친구들을 곧잘 도와주기 때문에 인기도 많지요. 선생님들도 하나같이 민재는 성실하고 착한 학생이라고 합니다. 하지만 본인은 "나는 왜 이렇게 못하지?", "나도 멋진 사람이 되고 싶은데 잘 안된다."라는 말을 자주 합니다. 민재가 겸손하다고 생각했는데 5학년이 되어서 방에서 몰래 울고 있는 민재를 발견했어요. 저희 부부는 민재가 어릴 때부터 워낙 알아서 잘하던 터라 자신감도 높을 것이라고 생각했는데, 생각보다 자신감이 없는 것 같아 놀랐습니다. 이렇게 잘하고 있는데 왜 자신감이 없을까 싶기도 했고요.

이렇게 해볼까요?

민재는 어릴 때부터 시키지 않아도 잘하는 책임감 있는 멋진 학생이군요. 그렇다면 울고 있는 민재를 보고 더욱 놀라셨을 것 같아요. 민재의 자신감에 대해서 이야기해 주셨는데 민재의 자존감에 대해서는 어떻게 느끼시나요? 자신감과 자존감은 비슷해 보이지만 근원적인 차이가 있지요. 자신감을 통해서 내가 똑똑하다는 걸 믿을 수 있고 내가 어떤 일을 할 수 있다고 생각할 수는 있지만 내가 가치 있는 존재인지, 사랑받아 마땅한 존재인지에 대한 질문에 대답을 해줄 수는 없습니다. 이는 자존감의 영역입니다. 민재는 어쩌면 자신에 대한 자신감이 없는 자존감이 부족한 상태일 수도 있을 것 같아요.

1) 주변에 전달되는 민재에 대한 사랑의 메시지를 점검해 보아요

아동·청소년기와 같이 아직 자신에 대한 중심이 잘 잡히지 않았을 때의 자존감은 주변 사람들에게 충분히 사랑받지 못한다고 느낄 때 더 흔들리기도 합니다. 주변의 많은 사람들이 민재를 얼마나 사랑하는지와는 별개로 민재가 사람들이 자신을 사랑한다고 얼마나 느끼고 있는지가 더 중요하지요. 또한 우리가 스스로를 사랑하고 있지 못할 때에는 부모님이나 선생님으로부터 칭찬을 받아도 기뻐하지 못하거나 어색해할 수도 있습니다. 잘한 일을 했을 때도 이것은 잘한 일이 아니라 당연한 일이라고 말하기도 하지요. 민재는 주변의 사랑을 어떻게 느끼고 있는지 먼저 이야기해 보면 좋을 것 같아요.

2) 민재가 자신에 대해 가지고 있는 당위적인 사고들을 점검해 보아요

민재가 자신에 대해서 가지고 있는 생각들은 어떤 게 있을까요. 당위적 사고는 '당연히 ~해야 한다'는 사고를 말합니다. 이러한 사고방식은 스스로를 틀에 가두며 이 틀에서 벗어나게 되었을 때 큰 좌절감을 느끼게 합니다. '친구라면 웬만하면 편을 들어줘야 해.', '좋은 친구는 의리가 있는 친구야.' 일반적으로 사실로 받아들여지는 말이지만 이러한 문장이 마음속의 당위적 사고가 된다면 친구가 잘못했다고 느껴서 친구의 편을 들고 싶지 않을 때, 그리고 나의 친구가 내 편을 들지 않을 때 나는 큰 스트레스를 받게 되겠지요. 또한 '좋은 친구는 의리가 있는 친구야.'라는 주장은 항상 의리 있는 행동을 해야 한다는 생각을 불러일으키며 여러 가지 중요한 상황들로 친구가 지금 당장 의리를 지키지 못했을 때 이 친구는 한 번 의리를 저버렸으니 앞으로도 좋은 친구가 될 수 없어 등의 단편적인 사고들을 이끌어 낼 수 있습니다. 민재에게서 '나는 제일 좋은 학생이 되고 싶어요.'라는 당위적 사고가 보이는 것 같습니다. 나는 좋은 학생이 되고 싶어와 나는 제일 좋은 학생이 되어야 한다는 큰 차이를 가집니다. 후자의 경우 내가 제일 좋은 학생이 되어야 한다는 생각에 무엇이 필요한지를 계속 찾아 헤매며, 결코 도달할 수 없는 완벽함을 이루기 위해 자신을 채찍질할 수도 있지요. 성장하고자 하는 욕구는 발전해 나가는 데 큰 도움을 주지만 자신을 부족하다고 느끼게 만들 수도 있기 때문에 민재가 어떤 생각들을 하고 있는지를 함께 이야기 나누어 보는 것이 중요할 것 같습니다.

3) 자기를 긍정하는 시간을 가져요

지금까지 민재는 의도적이든 의도적이지 않든 여러 가지 좋은 모습에 대해 증명해 내고 그에 대한 강화를 받아오면서 자랐습니다. 이런 민재에게 잘하지 못하는 모습은 본인처럼 느껴지지 않을 수도 있어요. 그렇게 되면 무언가를 성공했을 때는 나의 모습임을 자랑스럽게 받아들이지만 실패하게 되었을 때는 내 모습을 부정하고 받아들이지 못하게 될 수도 있지요. 이러한 과정은 모범적인 학생들이 한 번씩은 겪는 것 같습니다. 그럴 때 필요한 것이 자기 자신을 그대로 긍정하는 시간을 갖는 것입니다. 그리고 민재처럼 모범생인 학생들뿐만 아니라 모든 학생들이 해보는 것을 권장합니다. 사실 나를 사랑하는 것은 당연하지만 당연한 게 아니기 때문입니다. 사랑도 유지하려면 노력이 필요하지요. 나와의 관계에서 내가 나를 사랑할 수 있도록 시간을 들이며 나를 들여다보며 용서하고 이해하고 아껴주는 시간들이 필요합니다.

이렇게 3가지 방법들을 활용해 보는 것을 먼저 추천드립니다. 나를 어떻게 사랑할 수 있을까? 아주 근원적인 질문입니다. 성인들에게도 쉽지 않은 질문이지요. 지금은 스스로의 힘으로 스스로를 지탱할 만큼 사랑하지 못하더라도 나를 믿어 주고, 사랑해 주는 주변 사람들을 마음을 목발 삼아 지탱하며 길을 걸어가면 언젠가는 자신의 발로 걸을 수 있을 것이라고 믿습니다. 민재에게 좋은 성장의 기회가 찾아온 거 같아요. 이번 계기를 통해서 민재가 스스로를 더 많이 느끼고 사랑할 수 있게 되기를 바랍니다.

사례 4.

(인터넷 사용) 스마트폰에 너무 많은 시간을 보내는 아이

저희는 딸 하나가 있어요. 예린이입니다. 최대한 스마트폰을 늦게 사주고 싶어서 중학생이 되면 사주려 했는데 친구관계에서 조금 늦게 소식을 알게 되는 일들이 생기면서 알게 모르게 스트레스 받는 거 같더라고요. 여자아이이기도 하고 한참 친구들이랑 많이 이야기하고 싶을 때라는 생각도 들어서 6학년이 되면서 이번에 사줬습니다. 지금까지 인터넷 사용 습관도 좋았으니 괜찮지 않을까 했지요. 그런데 시간이 지나니 아이가 사용 시간을 자주 어기기 시작했습니다. 짧은 영상 모음을 몇 시간 동안 누워서 보거나 좋아하는 연예인과 관련된 사진을 발견하면 자신도 사주면 안 되냐고 떼를 쓰기도 하고 누구누구가 정말 예쁜데 자기는 못생긴 거 같다며 막 비교를 합니다. 한번은 SNS에 가입하고 싶은데 연령 제한이 있어 어려우니 엄마가 만들어 주면 안 되냐고, 다른 애들은 다 엄마가 관리하기로 하고 만들어 주는데 자기도 그렇게 해달라고 고집을 부리는데 어떻게 해야 할지 모르겠습니다. 안하면 아이만 대화에 못 낀다고 하는데 정말 요즘은 다 이렇게 사용하나요?

이렇게 해볼까요?

　아이들이 살아가는 데 환경은 생각보다 중요한 영향을 미칩니다. 가정 환경의 영향, 학교의 영향, 요즘은 인터넷으로부터 받는 영향도 절대 무시할 수 없을 것 같습니다. 스마트폰에 대한 욕구는 3~4학년 때부터 대부분의 아이들은 가지고 있는데 나는 왜 없느냐부터 시작이 되어 5~6학년 사춘기가 찾아오면 더 심화되는 것 같아요. SNS를 하고 영상도 찍고 친구들과 추억을 남기는 것이 꼭 나쁜 일은 아니지요. 하지만 말씀하신 것처럼 아이들이 어린 시절부터 인터넷과 SNS를 사용하며 조심해야 할 것들이 있긴 합니다. 사실 스마트폰뿐만 아니라 인터넷에 접속할 수 있는 스마트 기기에 전반적인 관리가 필요합니다. 또한 요즘 아이들이 다 가지고 있으니까 사용해도 된다는 생각을 저는 개인적으로 권장하지 않습니다. 아이들의 인지 능력과 발달 수준을 고려하여 스마트폰을 사주는 것이 좋다고 생각합니다. 아직 습관이 제대로 잡히지 않은 아이들, 발달이 느린 아이들이 자극적인 영상과 매체물을 접하고 자극적인 사고에 익숙해지거나 고민이나 다른 과정을 거치지 않아도 바로 쉽게 정답을 손에 넣을 수 있는 AI 학습 도구들을 알게 되었을 때 뇌를 활성화시키며 스스로 사고하는 방법을 제대로 배우지 못하게 될 수도 있기 때문입니다. 스마트폰은 이러한 발달적 부분뿐만 아니라 정신적인 부분에도 많은 영향을 미칩니다.

인터넷에는 수많은 정보가 존재합니다. 의식적으로든 무의식적으로든 아이들은 이 정보를 학습합니다. 하지만 인터넷 세상에는 그 어떠한 보호막도 없습니다. 아이들은 아직 적절한 가치 판단을 못하는 상태에서 무방비로 여러 가지 의견들에 노출이 되지요. 요즘 아이들은 예전과 다르고 자본주의적이며 외모지상주의적이라고 합니다. 저는 여기에 필연적으로 인터넷의 영향이 크다고 생각합니다. 아무도 가르쳐 주지 않지만 인터넷을 사용하며 자연스럽게 순위를 매기고 평가하는 문화를 접하게 되고 무의식적으로 학습된 인터넷상에서의 반응들은 아이들의 실생활에도 영향을 미칩니다. 그래서 인터넷을 사용은 하되 사용할 수 있는 매체나 종류를 제한하는 과정이 필요하다고 저는 느낍니다.

아이들이 사용했을 때 안전한 매체들이 어떤 것인지 알려 주고 그 안에서의 정보와 문화를 탐색할 수 있도록 하는 것이죠. 또 걱정되는 것 중 하나는 여러 가지 영상을 보며 형성되는 알고리즘입니다. 아이들의 뇌는 여러 가지 시각을 접하며 발달해야 하는데, 알고리즘을 통해 하나의 사고방식만 계속해서 강화된다면 아이들은 그것을 세상의 전부로 여기게 되므로 매우 해롭다고 생각합니다. 발달에 이로운 사고들이 강화될 수도 있지만 특정 편견이나 부정적이거나 왜곡된 사고들이 계속해서 강화되는 과정을 겪게 될 수도 있습니다. 예린이가 외모에 대해서 신경을 쓰고 외모에 대한 영상을 더 시청한다면 알고리즘에는 더더욱 외모에 대한 영상들이 나오기 시작할 것입니다. 이런 알고리즘이 형성되지 않도록 로그인하지 않고 사용하거나 시크릿모드를 사용하는 것도 좋을 것 같습니다.

이미 스마트폰을 사용하기 시작한 예린이가 건강한 인터넷 사용을 익힐 수 있도록 다음 2가지를 함께 해주세요.

1) 스마트폰을 사용하는 올바른 방법을 알려 주세요

이때 사용하는 앱은 함께 정해야 합니다. 예린이가 원하는 앱을 부모님이 소통 없이 억지로 못하게 강요한다면 결국에는 예린이가 몰래 사용하게 될 것입니다. 예린이와 함께 이야기를 나누며 부모님이 사용을 반대하는 앱들과 제한하는 기능들 그리고 왜 그것이 해롭다고 판단하는지를 예린이에게 알려 주세요. 그리고 예린이가 스마트폰을 가져도 충분히 스스로 사고하여 행동을 조절할 수 있다고 부모님이 판단하였다는 것을 알려 주며 책임감을 심어 주세요.

"예린아 오늘부터 우리는 스마트폰을 사용하는 방법에 대해서 함께 이야기를 나눌 거야. 엄마, 아빠는 예린이가 스마트폰을 사용했을 때 걱정되는 것들이 있어. 예린이는 스마트폰을 어떻게 사용할 예정이니?"

"엄마, 아빠는 예린이가 이런 앱은 지금은 사용하지 않았으면 좋겠어. 물론 예린이의 많은 친구들이 사용하고 있다는 건 알지만 이게 예린이에게 건강하지 않을 것 같다고 생각하거든. 예린이는 어떻게 생각하니?"

2) 보이는 것이 전부가 아님을 항상 인식시켜 주세요

예린이가 보고 있는 매체들이 사실이 아님을 항상 인식시켜 주세요. 예린이가 매체물에 너무 많은 영향을 받는 것이 느껴진다면 매체물을 볼 때는 무조건 부모님과 함께 시청하며, 부모님이 해당 매체물에 대해 적절하게 해석을 해주시는 것도 좋습니다.

"저렇게 생각할 수도 있지. 하지만 저 말이 모두 진짜인 것은 아니야. 왜냐하면 이렇게 생각하는 사람들도 있거든."

"저렇게 생각하는 사람들도 있지만 모두가 그렇게 생각하는 건 아니야. 사람마다 중요하게 생각하는 가치들은 달라. 예를 들어 나는 이런 식으로 생각하고 있단다."

"사람들이 많은 곳에서 저런 행동을 하는 건 나는 좀 당황스럽다고 생각해. 물론 저 사람은 다른 이유로 그랬을 수 있지만 우리는 저런 행동을 공공장소에서 하는 건 옳지 않다고 생각해. 예린이는 어떻게 느끼니?"

이를 통해 예린이의 생각들이 왜곡되지 않고 또한 한 방향으로 치우친 사고가 아닌 여러 가지 생각들을 자극하고 느끼게 만들어 줄 수도 있습니다.

스마트폰 사용에 대해서는 부모님마다 다양한 가치관을 가지고 계셔서 가정에서 활용하는 방법이 다 다르지 않을까 생각합니다. 스마트폰은 엄청난 정보들을 담고 있는 만큼 잘 활용할 수 있다면 정말 유익하겠죠. 우리 아이에게 적절한 사용 방법을 아이와 함께 찾아보세요!

사례 5.

(정서조절) 불안이 높은 아이

　지우는 걱정이 많은 아이에요. 이제 3학년이 되었어요. "이게 안 되면 어쩌지?", "이런 일이 벌어지면 어쩌지?" 사소한 일에도 쉽게 긴장하고 문제가 생기는 상황들을 곧잘 상상합니다. 저희 부부는 맞벌이에요. 저희가 계속 돈을 벌어야 하는 상황이라 지우가 어릴 적 함께 보내는 시간이 상대적으로 적었습니다. 그래도 주말에 하루는 꼭 함께 시간을 보내기 위해서 노력했지요. 별문제는 없으니 그냥 지내다가도 가끔 지우의 불안을 생각하면 제 잘못인 것 같아 눈물이 납니다. 나름대로 최선을 다하기는 했지만 아동기에 경험하는 것들이 굉장히 중요하다고 하던데 제가 애착 형성을 잘 시켜주지 못한 건지 죄책감도 들고… 잘 모르겠어요. 어떻게 하면 아이가 좀 안정감을 가질까요?

이렇게 해볼까요?

많이 힘드셨죠? 가장 먼저 이렇게 이야기하기까지 많이 고민하셨을 부모님의 마음에 위로를 건네고 싶습니다. 물론 어린 시절의 경험은 중요하고 부모님과 보내는 시간이 부족했던 것은 지우의 불안을 크게 만들었을 수도 있습니다. 하지만 모든 정신적인 작용은 단 하나의 요인만으로 나타나지 않습니다. 아이가 가지고 있는 기질, 환경, 그리고 기타 상황의 조건들이 맞물려 나타나지요. 그리고 가장 중요한 건 이렇게 지우의 행복을 중요하게 생각하고 그것을 위해 노력할 힘을 가진 부모님이 계신 게 아닐까요? 완벽한 환경은 없습니다. 다만 우리는 더 나은 길을 찾기 위해 노력할 수 있죠. 자식의 행복을 바라고 그것을 위해 노력할 준비가 된 부모님이라는 환경적 자원은 제가 가장 중요하게 생각하는 것이기도 합니다. 이런 환경을 가지지 못한 아이들도 정말 많은데 지우는 가장 중요한 환경적 자원을 이미 가지고 태어난 것 같습니다. 충분히 자랑스러워하셔도 됩니다.

사실 이런 감정, 성격에 관련된 문제들은 원인을 뚜렷하게 알기 어려운 경우가 많아서 해결하려고 해도 시간이 오래 걸리기도 합니다. 이러한 성격이 어느 정도까지 수정이 될지 또는 얼마나 시간이 걸릴지 알 수 없습니다. 결국 감정을 가라앉히고 조절하는 건 아동이 해야 하는 역할인데 이는 내적인 성장이 함께 동반되어야 합니다. 그리고 어린아이들 중에서는 아직이 감정을 조절하고 싶지 않은 아이들도 있지요. 다음 단계로 나아가기 위해서는 자신이 가지고 있는 특정 감정에 충분히 머무르며 경험하는 것이 향후 이 감정을 계속 가지고 살아가야 할 나에게 중요한 경험이 되기도 합니다. 가끔 5, 6학년이 되어서 이유 없이 눈물을 흘리는 아이들이 있습니다. 매년 1~2명은 있는 것 같아요. 담임선생님과 이야기를 해도, 부모님과 이야기를 해도 그 누구도 이유를 모릅니다. 비슷하게는 갑자기 매일 악몽을 꾸는 아이도 있었지요. 이유를 알지 못한 채 어떤 아이는 3개월, 어떤 아이는 2년간 계속 이야기를 들어 줬습니다. 그러다 보면 신기하게도 증상이 사라지고 이전의 생활로 돌아가는 경험을 몇 번 하였지요. 이 과정을 통해 느끼는 것은 우리의 감정을 모두 의식적으로 떠올리며 말로 표현하는 것은 굉장히 힘들다는 것입니다. 우리 모두가 감정에 이유를 찾고는 있지만 그게 정말인지는 모를 일입니다. 왜 우리 지우가 이렇게 힘들어할까, 무엇이 문제일까라는 원인보다 그래서 무엇이 필요할지를 생각해 보는 것이 좋을 것 같습니다. 저는 불안을 포함하여 정서가 일반적인 상황보다 더 많이 올라오는 아이들에게는 공통적으로 2가지를 지속적·반복적으로 제공합니다. 1) 자신의 감정을 표현하고 느낄 수 있는 시간, 2) 긍정적으로 변화하는 자신을 느끼는 시간이 그것입니다. 이때의 변화란 지우를 예시로 들자면 불안이라는 감정이 사라지는 것이 아닌 조절할 수 있게 되는 것입니다. 일주일에 한 번이라도 좋으니 가정에서 자신의 마음을 표현할 수 있는 시간을 30분 이상 가지는 것을 권장합니다. 이때의 핵심은 부모가 질문을 많이 하지 않고 그냥 감정의 정도만 체크하며 너무 걱정하거나 감정적이지 않은 상태로 평온하고 안전한 분위기에서 이야기를 들어 주는 것입니다. 그리고 불안을 성공적으로 조절했을 때, 불안을 견디는 도전을 하였을 때 성장하고 있는 아이의 모습을 짚어 주며 성장하는 자신의 모습을 발견할 수 있는 거울의 역할을 해주세요. 아이들은 이를 토대로 감정을 조절할 수 있는 힘을 점점 길러 냅니다. 다만 이것은 일반적인 불안이 주된 감정으로 작용하는 경우이고 만약 일반적임을 넘어서거나 일상에서의 어려움이 있다면 전문가의 소견을 바탕으로 한 더욱 적극적인 도움이 필요합니다.

불안은 여러 가지 걱정을 우리에게 알려 주고, 내가 어떤 것을 걱정하는지, 어떤 것을 무서워하는지를 알려 주며 나를 지켜 주기도 하는 감정이지요. 같은 편이 될 수만 있다면 섬세함과 꼼꼼함을 강점으로 가진 학생으로 성장할 수 있습니다. 이미 충분히 행복해질 수 있는 자원을 가진 지우에게 앞으로 점점 성장하는 자신의 모습과 함께 행복한 날들이 가득하길 바랍니다.

정서건강에서 대부분의 사례는 고학년에 해당됩니다. 마냥 행복해하고 긍정적인 생각만 하고 있던 아이들도 사춘기가 되면 시니컬해지고 정서적인 어려움에 부딪히게 되지요. 나와 타인을 계속해서 분석하고 자신의 내면 안으로 점점 깊이 들어가려 합니다. 세상에는 내가 원하지 않는 일들도 많이 일어납니다. 우리 아이에게 그런 일이 고통과 아픔을 준다면 부모님의 마음은 찢어질 듯이 고통스럽습니다. 하지만 부모님이 그것을 없애거나 무리하게 바꾸려고 할 때 오히려 부작용이 일어나는 경우가 많습니다. 결국 자신을 바꿀 수 있는 건 자신뿐입니다. 아이가 자신을 믿을 수 있도록, 그 경험을 쌓아 나갈 수 있도록 도와주세요.

질문과 함께 정리해 보는 우리 아이 학교생활

이번 챕터에서는 아이들이 학교에서 겪을 수 있는 다양한 정서건강문제들에 대해서 이야기 나누어 보았습니다. 이번 내용에서 배운 것들을 정리하며 나는 우리 아이의 학교생활에서 정서적인 문제와 마주하였을 때 어떻게 대응할지 생각해 봅시다.

1. 이 챕터를 읽으며 가장 인상 깊었던 부분에 대해서 적어 보세요.

----

2. 내가 생각하는 우리 아이의 자존감은 몇 점인가요? 평소 아이의 말과 행동을 바탕으로 떠올려 봅시다.

<우리 아이가 많이 사용하는 자존감 말!>	점수: /10

❀ 나 이거 할 수 있어!

<우리 아이가 많이 보여 주는 자존감 행동!>	점수: /10

❀ 놀이터에 모르는 아이들이 있어도 곧잘 가서 논다.

06

교우관계

학교생활에서 겪을 수 있는 우리 아이의 어려움:
교우관계

　교우관계는 초등학교생활에서 가장 많은 고민을 하게 만드는 영역입니다. 학창 시절을 떠올려 봤을 때 '그래, 그때 그 공부가 참 재미있었지.' 하는 기억이 남는 경우는 드뭅니다. '그때 그 선생님이 나를 참 아껴 주셨어.', '그때 그 친구랑 같이 하굣길에 먹은 간식이 정말 맛있었지.'와 같이 관계에 대한 기억들이 대부분 떠오를 것입니다. 우리가 가지고 있는 학교에 대한 기억은 관계를 중심으로 남아 있습니다. 좋은 관계를 맺는 것은 즐거운 학교생활의 핵심입니다. 아마도 아시겠지만 저희가 학교를 다닐 때와 친구들을 사귀는 환경이 사뭇 달라졌습니다. 이전보다 아이들의 수도 줄었고, 친구와 자연스럽게 만나고 교류하는 장소와 시간도 줄었습니다. 그로 인해 어떤 것들이 달라졌을까요?

관계 형성에 대한 피드백의 부족

요즘 아이들은 학교를 마치면 집에 가는 것이 아니라 방과 후 교실이나 돌봄 교실에 많이 있죠. 맞벌이 부부의 증가와 함께 예전보다 부모와 소통할 시간이 많이 줄어들었고, 할머니, 할아버지와 부모님은 아이들과 보내는 시간이 줄어든 만큼 그 시간에는 아이가 즐거워하는 것들을 제공해 주려고 합니다. 적절하지 못한 행동을 하여도 귀엽게 보며 넘어가거나 떼를 쓸 때에도 비교적 들어주려 합니다. 학교 운동장에는 아이들이 없고 학원에 가서 친구를 사귀는 경우가 많습니다. 형제, 자매도 많이 줄었지요. 그러다 보니 관계를 맺음에 있어 피드백을 받는 횟수가 줄었습니다. 어떤 행동이 우리의 관계에 도움이 되는지, 어떤 행동들이 관계 맺기에 방해가 되는지를 덜 배우게 된 것이죠.

 ## 구조화된 환경에서 부족해진 갈등 해결 능력

예전에는 자연스럽게 집 앞이나 이웃 친구들과 어울리며 사회성을 발달시킬 수 있었지만 이제는 학원이나 방과 후 교실 등과 같이 좀 더 구조화된 공간에서 친구관계를 형성하게 됩니다. 그러다 보니 자연스러운 관계에서 갈등을 해결하고 협력하는 방법을 찾아 생활 속에서 배우던 아이들이 이것들을 학습하지 못하고 선생님이나 주변 어른들에게 해결을 요청하는 경우가 많아졌습니다. 관계에 있어 필수적으로 나타나는 갈등을 회피하는 방법으로 대처하게 되면 문제 상황에서 타협하고 해결 방안을 찾는 방법도, 협동과 배려의 중요성도 배우지 못하게 됩니다.

코로나 이후 개별적인 문화들이 늘어나며 사회성과 관계 맺기는 아이들 사이에 가장 많은 격차를 가지고 있는 부분이라고 많이 느낍니다. 사회성과 관계 맺기 스킬에 더 유리한 성격을 선천적으로 가지고 있는 섬세하고 공감적인 성향이 강한 아이들도 있지만 후천적으로 학습을 통해 사회성을 키워 격차를 메워야 하는 아이들도 있습니다. 하지만 저는 현장에서 이 격차가 제대로 메워지지 못하고 있다고 느낍니다. 즉, 제대로 된 교우관계에 대한 학습이 이루어지지 않고 있다는 것입니다. 그러다 보니 사회성이나 관계 맺기 스킬이 낮은 아이들은 교실에서 고립되는 경향이 생기고 외로움을 느끼게 됩니다. 저학년 때는 자기중심적인 사고들로 내가 즐거우니까 괜찮다고 느끼지만 관계 맺기가 나를 구성하는 데 큰 영향을 주는 3, 4학년이 되면 외로움을 느낄 수밖에 없고 또한 이는 자존감에도 큰 영향을 줍니다. 친구들에 대해 한번 왜곡된 생각을 가지게 되면(친구들은 나를 싫어해, 사람들은 나에게 친절하지 않아, 사람들은 까칠해 등) 이 생각을 변화시키기 위해서는 더 많은 반대되는 경험과 노력이 필요하게 됩니다.

　교우관계는 이러한 자존감과 나의 사고에 영향을 줄 뿐만 아니라 정서적 건강, 인지적 발달에도 큰 영향을 끼칩니다. 교우관계에서 느끼는 우리의 고통은 사실 신체적 손상에서 오는 고통과 비교할 수 있을 만큼 치명적입니다. 심리학자 나오미 아이젠버그와 매튜 리버만, 키플링 윌리엄스는 「Does Rejection Hurt?: An FMRI study of social exclusion」(거절은 고통을 동반하는가? 사회적 소외에 관한 FMRI연구)을 통해 사회적 소외가 일어났을 때 우리의 고통을 뇌의 반응을 통해 측정해 보고자 하였습니다. 그들은 온라인 공놀이 게임을 만들어 계속 기다려도 공이 오지 않는 상황, 게임에 배제되는 경험을 게임 속에서 겪게 하였습니다. 이후 뇌의 반응을 측정해 보니 소외를 경험하였을 때 신체적 고통과 관련된 전측대상피질(ACC)이 활성화되는 것을 관찰할 수 있었습니다. 즉 우리는 사회적 소외를 느낄 때 신체적 고통을 느낄 때와 같은 뇌의 부위가 활성화됩니다. 누구인지도 모르는, 그리고 실제가 아닌 게임 속 상황인 가상의 공간에서 느끼는 소외 감에도 우리의 뇌가 반응한다면 실제에서는 어떨까요? 우리는 우리가 생각 하는 것보다, 느끼는 것보다 관계에 많은 영향을 받습니다. 어떤 관계를 맺 을 수 있는가는 나의 인지적 성장, 자아 발달에도 큰 영향을 줍니다. 사회 학자 찰스 쿨리는 내가 누구인지 파악하는 방식 중 나의 주변 사람을 거울 삼아 파악하는 방식이 있으며, 이를 '반영된 자기 평가(Reflected self-appraisals)'라고 하였습니다. 즉 내가 누구인지를 스스로 파악하는 과정에 서 다른 사람들의 반응이나 평가를 거울의 역할로 활용한다는 것인데요. 이때의 반응은 비언어적인 반응들도 포함하며 타인이 나를 어떻게 바라볼 지 상상하는 것도 포함된다고 합니다. 인간은 어디에서나 끝도 없이 사회 적인 존재임을 많은 연구들이 보여 줍니다. 친구들을 많이 사귈 필요는 없 지만 나의 거울 역할을 해줄, 그리고 나의 고통을 나눌 수 있는, 견딜 수 있 는 힘을 주는 의미 있는 타인의 존재는 필요하지요. 학교는 이처럼 내가 의 지할 수 있는 의미 있는 타인들을 만나고 또한 관계를 형성하는 능력을 키 울 수 있도록 사회적 실험을 할 수 있는 장소입니다.

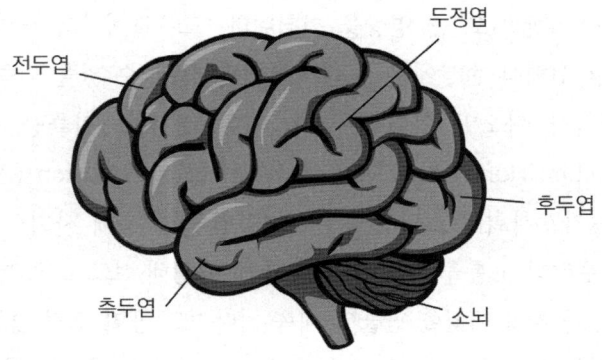

그렇다면 건강한 교우관계 위해서 무엇이 필요할까요? 그리고 그와 함께 양육자로서 할 수 있는 것은 무엇인지에 대해 저의 생각을 말씀드려 볼까 합니다. 앞서 제1장 '초등학교의 목표와 마음을 여는 사회정서학습'에서 저는 다양한 사람들과 건강한 관계 맺기에 대한 이야기를 하였습니다. 초등학교에서 배워야 하는 것 중 하나는 다양한 사람들과 건강하게 관계를 맺는 것입니다. 관계를 형성하는 방법을 알기 위해서는 하나씩 시도하고 경험을 쌓으며 그 안에서 자신이 부딪히고 느끼는 것이 중요합니다. 아무리 귀한 조언도 경험 하나에 비하지 못하기 때문입니다. 아이들마다 관계를 쌓기 위해서 배워야 하는 것이 다 다릅니다. 어떤 아이는 너무 공감적이라 타인을 자신보다 앞에 둘 때가 있는데 그럴 때는 자신을 중심으로 주변의 관계들을 재구성하는 방법을 배워야 합니다. 내가 너무 앞에 나와 있는 아이는 자신의 욕구를 잘 조절하며 다른 사람들과 협력하고 공존하는 방법을 더 배워야 하지요. 양육자는 아이들을 잘 관찰하고 살피며 아이들이 건강한 관계를 맺을 수 있게 도전하는 기회를 만들어 주고 그와 동시에 적절한 피드백을 통해 건강한 관계를 형성할 수 있도록 조절하고 도와주는 역할을 해야 합니다. 아이들이 어떤 방법으로 친구를 만들고 있는지, 갈등이 일어날 때는 어떤 해결 방법을 쓰는지, 주로 어떨 때 친구에게 화를 내는지를 잘 살펴보아야 합니다. 그리고 아이들이 이 과정에서 필요한 것들을 직간접적으로 제공해야 합니다. 이때 아이가 힘들어하는 모습을 보이면 마음이 약해지기도 합니다. 빨리 어른들이 나서서 도와주는 것이 좋지 않을까 싶기도 하지요. 저는 학교에서 아이들의 관계에 개입하기 전 항상 스스로에게 물어봅니다. 이것이 진정으로 이 아이에게 도움이 되는가. 이 질문에 아이들에게 도움이 안 된다는 답변이 나온다면 긴급한 경우를 제외하고는 개입하지 않습니다. 이제 다른 장들과 같이 여러 가지 사례를 보며 해결 방안을 함께 살펴보도록 하겠습니다.

사례 1.
(자기주장) 거절을 못하는 아이

　지민이는 초등학교 3학년입니다. 지민이는 친구 사이에 별로 문제가 있진 않아요. 애초에 친구들과 싸우는 성격도 아니고요. 지민이가 배려도 잘하고 친구들 이야기를 잘 들어 주다 보니까 애들이 참 좋아해요. 그런데 사실 지민이는 집에서 친구들 때문에 스트레스를 받아요. 부모인 제가 봤을때는 성격이 강한 친구들에게 휘둘리는 경향도 있는 것 같고요. 주변 친구들에게 맞추려고 하고 친구가 어떤 요구를 할 때 쉽게 거절하지 못합니다. 예전에는 이런 관계를 아이가 좋다 그래서 '그래, 우리 지민이 착하다.'라고 생각했는데 요즘은 힘들어하는 것 같아요. 한번은 자기는 잘못하지 않았다고 생각했는데 친구가 사과해 달라고 해서 그냥 사과했대요. 집에서 속상해하는데 마음이 아팠습니다. 왜 그랬냐고 물어보니 싫다고 하면 안 될 것 같았고, 화낼 것이 걱정되어서 그냥 말 못 했다고 하네요. 그런데 그 친구는 지민이랑 오래전부터 친했기도 하고 저도 알고 있지만 착한 아이라 별로 화냈을 것 같지는 않아요. 차분하게 지민이에게 설명해 줬는데 그래도 못하겠다고 하네요. 참는 게 좋은 거다 생각하려 해도 이게 맞나 싶어요. 우리 아이에게 어떤 도움을 줄 수 있을까요?

이렇게 해볼까요?

　지민이는 친구를 배려하는 마음이 깊고 친구관계에서 조화를 이루려는 성향이 강한 것 같아요. 주변과 조화를 이루며 사는 건 매우 중요하지요. 다만, 타인과의 관계를 맺음에 있어 자신을 지키는 방법을 배우는 것이 필요할 것 같습니다. 이럴 때 필요한 것이 '자기주장'입니다. 자기주장은 단순히 나의 의견을 말하는 것이 아닙니다. 타인을 존중하면서도 나의 욕구, 감정, 생각을 분명하게 표현하는 것을 의미합니다. 이는 관계 맺음에 있어 나와 타인의 경계를 구분하고 친구들과 나 사이에서 중심을 잡아 자아를 지킬 수 있도록 해주는 중요한 기술입니다. 이 기술은 다수의 사람들 속에서 내가 존중받을 수 있게 도와주지요. 타인의 반응에 민감함을 가지고 있는 아이들 그리고 남자아이들보다는 여자아이들이 자기주장을 하는 것에 어려움을 겪을 수 있어요. 저학년 때까지는 자기주장을 잘하지 못해도 불편함이 크지 않지만 학년이 올라갈수록 불편함은 커지지요. 설령 그 친구가 나와 멀어지게 되거나 화를 내더라도 이것이 나를 불편하게 하는 관계라면 끊어낼 수도 있어야 합니다. 자기주장을 하기 위해서는 자신의 감정을 인식하고 그것을 표현하는 훈련이 필요합니다. 다음과 같은 과정으로 지민이가 자기주장 기술을 발전시킬 수 있도록 도와주는 건 어떨까요?

1) 자기 감정을 알아차리도록 도와요

우선 지민이가 자신의 감정을 잘 느끼고 있는지를 살펴볼까요? 학교에서는 괜찮다고 말하고 집에 가면 속상했다고 우는 아이들이 있습니다. 너무 놀래서 말을 못했다고 표현하는 아이들도 있지만 그 마음속 안에는 자신의 감정을 당시에 제대로 인식하지 못하여 자동적으로 지금 당장 불편함을 줄일 수 있는 대답이나 행동을 선택하게 되는 영향도 있지요. 지민이가 친구들이 싫은 부탁을 했거나 하기 싫은 것을 시켰을 때 어떤 감정이 드는지를 인식할 수 있도록 훈련시켜 주세요. 훈련을 통해 그런 기분이 들 때 다른 선택을 해야 함을 자동적으로 조금씩 배울 수 있습니다.

"친구의 어떤 말이 힘들었어?"
"친구가 사과해 달라고 한 게 힘들었어…."

"왜 그 말이 지민이를 힘들게 한 거 같아?"
"왜냐하면 나는 잘못한 게 없는 거 같았거든."

"그때 지민이는 어떤 기분이 들었니?"
"억울했어. 그리고 자기도 잘못했으면서 나한테만 뭐라고 하는 거 같아서 속상했어."
"그렇구나, 지민이는 그 말을 듣고 억울하기도 하고 속상하기도 했구나."

2) 행동을 되짚어 보아요

만약 "그때 지민이는 어떤 기분이 들었니?"라는 질문에 잘 모르겠다거나 그냥 그랬다는 이야기를 한다면 지민이가 다시 그 순간으로 돌아갈 수 있도록 도와주며 어떤 행동이 가능했을지 되살펴 볼 수 있도록 합니다. 지민이가 감정을 잘 말했을 경우에도 부모님이라면 어떻게 느꼈을지 이야기하는 것은 지민이가 여러 가지 감정을 인식하고 이해하는 데 도움이 됩니다. 그리고 지민이의 행동에 대한 부모님의 피드백을 제시합니다. 다만 이 때에는 지민이가 잘했는지, 못했는지에 대한 평가를 하는 것이 아닌 부모님 이 그 상황에 있었다면 어떻게 행동했을지에 대한 피드백을 제공합니다. 주의해야 할 점으로는 아이의 행동이 잘못되었다고 느끼게끔 말하거나 부 족했던 자기주장으로 인한 죄책감, 자존감에 상처를 입지 않도록 하는 것입 니다. 예를 들어 "엄마는 그런 상황에서 사과할 마음이 들지 않았는데도 해 야 했다면 정말 속상했을 것 같아."라고 말할 수는 있지만 "엄마는 지민이 가 그런 상황에서 사과할 마음이 들지 않았는데도 해야 했다고 하니 정말 속상했어."라고 말하는 것은 권장되지 않습니다. 차이가 느껴지시나요? 전 자의 경우에는 엄마가 지민이의 역할이 되어 엄마가 지민이였다면 어땠을 지에 대한 피드백이 나와 있고, 후자의 경우 지민이가 그렇게 행동했을 때 느꼈던 엄마의 기분에 대한 피드백이 나와 있습니다. 후자의 경우에도 지 민이가 앞으로 그렇게 행동하면 안 되겠다는 동기를 가지는 데는 도움이 될 수 있지만 자신의 행동에 대한 자신감을 잃을 수도 있습니다.

"지민아, 엄마라면 친한 친구가 내가 잘못한 것도 없는데 사과하라고 하 면 섭섭했을 것 같아. 다른 친구면 몰라도 내 친구라면 내 마음을 잘 알텐 데 하는 마음도 들 것 같기도 하고. (왜 그렇게 감정을 느꼈는지 이렇게 설 명까지 붙인다면 지민이가 감정을 인식하는 데 더 도움이 될 것 같습니다.) 지민이는 어때?"

"난 섭섭하지는 않았어. 그냥… 그냥 답답하고 화가 났어."

"그렇구나. 엄마는 섭섭했을 것 같은데 지민이는 섭섭하지 않고 답답하 고 화가 났구나. 지민이는 왜 안 섭섭했어?"

"왜냐하면 친구가 왜 화가 났는지는 모르겠지만 오해가 있는 거 같아서 그걸 풀고 싶었지, 섭섭하지는 않았어."

"그렇구나. 지민이는 친구도 잘못이 있는데 사과하지 않아서 속상하기도 하고, 왜 친구가 화가 났는지 오해가 있는 거 같아서 풀고 싶었구나."

"응…."

"지민이도 친구한테 상처받았다고 했잖아. 엄마라면 친구한테 사실 이런 게 속상하다고 말할 것 같은데 지민이는 그러고 싶지 않았어?"

"별로 그러고 싶지는 않았어. 그냥 그러려니 했어. 그리고 싸우고 싶지 않았어."

"음, 그래. 지민이는 싸우고 싶지 않았구나. 지민이는 친구에게 속상한 거보다 싸우는 게 더 싫은가 보구나."

"응. 그리고 생각해 보니까 친구가 잘못한 것보다 나를 오해한 게 더 속상했어. 너무 억울해서 오해를 풀고 싶었어."

"지민이는 그럼 친구에게 오해라고 이야기하고 싶어?"

"하고는 싶은데 못하겠어."

3) 함께 행동 방안을 탐색해요

지민이는 사과하고 싶지 않았지만 친구가 사과하라고 해서 사과한 일에 대해 오해로 인한 억울함이 가장 컸군요. 이때 친구도 잘못이 있으면 사과를 해야 한다고 생각할 수도 있지만 지민이는 이미 사과받고 싶은 마음이 없는 것 같습니다. 부모님의 마음으로 '지민아, 엄마라면 그 친구한테 사과받고 싶을 것 같아.'라고 말할 수 있지만 지민이에게 반드시 그렇게 해야한다고 말하는 것은 조심해야 합니다. 왜냐하면 지민이는 친구와 싸우는 것이 다른 사람들보다 훨씬 큰 스트레스를 받는 일일 수 있기 때문입니다. 지민이 나름대로의 스트레스를 덜 받는 방법을 선택한 것일 수 있지요. 이럴 때는 지민이의 선택을 어느 정도 존중하는 것도 좋습니다. 함께 지민이가 할 수 있는 행동을 탐색하여 봅시다. 이때 부모님이 일방적으로 해결 방안을 제시하는 것이 아닌 지민이가 하나씩 단계를 밟아 나갈 수 있도록 해볼까요? 이를 통해 지민이는 함께 문제 해결에 참여하며 자신의 의견이 반영된 행동 방안을 찾을 수 있게 됩니다.

"맞아, 지민아. 친구랑은 싸우기 싫어. 하지만 무조건 원하는 걸 들어주는게 좋은 친구는 아니잖아? 그리고 지민이는 친구와 싸우지 않기 위해 사과한 거라고 생각하지만 친구는 아마 이런 지민이의 마음을 모르고 있을거야. 친구는 아마 지민이가 잘못해서 사과한 거라고 알고 있을 텐데. 그러면 친구는 지민이와 오해를 풀 수 있는 기회가 사라지는 거잖아. 그건 그 친구도 알고 싶지 않을까? 지민이는 어떻게 생각해. 지민이는 친구에게 오해가 생기면 듣고 싶니?"

"응. 알고 싶을 것 같아."

"맞아. 그 친구도 그럴거야. 그리고 지민이가 친구에게 말하고 싶은 게 있는데 말하지 못하고 쌓이면 언젠가 그게 터져 버리고 말 거야."

"…"

"지민이는 그게 오해라는 걸 알려 주고 싶었지?"

"응…."

"우리가 싸우지 않으면서도 오해라는 걸 알려 줄 수 있는 방법이 있었을까?"

"잘 모르겠어."

"음…. 엄마도 잘 모르겠네. 정말 어려운 문제다. 그치? 우리 함께 생각해 볼까? 어떻게 하면 지민이가 속상하지 않고 그 친구에게 오해라는 걸 알려 줄 수 있었을지."

"친구한테… 네 생각을 말해 줘서 고마워. 그런데 오해하고 있는 게 있어라고 말할 수 있을 것 같아."

"우와! 그거 너무 좋은 생각인데? 처음에 친구가 용기 내서 말해준 거에 고맙다고 하면 화가 안 날 것 같아."

4) 시나리오를 다시 써봐요

 이제 지민이와 함께 찾은 방법들로 시나리오를 다시 써봅시다. 지민이와 함께 역할극을 해도 좋고 전달하든 전달하지 않든 그 친구에게 편지를 쓰는 방식도 좋습니다. 지민이가 자신이 찾은 방법을 연습해 볼 수 있도록 도와주며 그를 통해 스트레스를 어느 정도 해소하고 새로운 방법을 찾은 자신을 긍정할 수 있도록 도와주세요. 시나리오 다시 쓰기를 통해 안전한 환경에서 자기주장 스킬을 실제로 활용해 볼 수 있습니다.

 이렇게 이야기를 나누어 가며 하나씩 연습하다 보면 정말 시간이 오래 걸릴 것 같죠? 이걸 다 해야 한다고 생각하니 생각만으로도 벅차다고 느끼실 수도 있을 것 같아요. 당연히 모든 갈등에 이와 같은 대화를 할 수는 없습니다. 다만 이 대화에서 활용하는 방법들(자기감정 알아차리기, 행동 되짚어 보기, 함께 행동 방안 탐색하기, 시나리오 다시 쓰기)과 그 안에 적용이 되는 대화의 방법들(죄책감 들지 않게 하기, 롤모델로 피드백 주기, 질문을 통해 함께 탐색하기)을 아이가 자기주장의 어려움을 겪을 때마다 적절하게 활용하며 자기주장 스킬을 발전시킬 수 있게 도와주면 됩니다. 하루아침에 변화하기는 어렵지만 꾸준히 활용하면 놀랄 만큼 좋은 효과를 보여 주는 방법들이니 잘 활용해 보시면 도움이 될 것 같습니다.

사례 2.
(경계조절) 친구를 돕고 싶은 마음이 큰 아이

저희 유리는 자신감과 리더십이 있는 아이입니다. 모범적이고 결단력도 좋다 보니 여자 친구들에게 항상 멋있다는 평가를 듣고, 고민이 있으면 유리를 찾아와요. 그러다 보니 이번에 반장이 되었어요. 유리가 정말 좋아했지요. 그런데 처음에는 신나했는데 막상 반장이 되니 힘들어합니다. 자신은 이렇게나 신경 쓰는 데 주변의 친구들은 너무나 무신경한 것 같다는 것입니다. 그러다 보니 왜 나만 이렇게 해야 하는지 모르겠다고 스트레스를 받는데 사실 제가 보기에는 우리 아이 오지랖이 넓지 않나 하는 생각도 들었어요. 물론 아이에게 그렇게 말하진 않았습니다. 그래서 그럼 유리가 덜 신경 쓰면 된다고, 친구들이 떠들어도 내버려두라고 하자 어떻게 그러냐고 자기가 반장이라서 조용히 시켜야 한다고 하더라고요. 사실 그것뿐만이 아니에요. 친구들과의 관계에 있어서 친구들이 싸우고 있으면 내버려두면 되는데 가서 말리다가 같이 싸우고 정리해 주고 자신의 일이 아닌데도 다 나서려고 합니다. 가끔은 괜찮다는 친구를 도와주려 하다가 싫은 소리를 듣고 오기도 해요. 왜 그렇게 했냐고 물어보면 본인은 그렇게 하지 않으면 너무 찝찝하다고 합니다. 아이만 행복하다면 좋은데 이렇게 스트레스를 받아 가면서까지 친구들을 도와주려고 하니 뭐라 해야 할지 모르겠습니다.

이렇게 해볼까요?

유리는 정말 훌륭한 리더의 자질을 가지고 있네요. 많은 아이들이 자신의 일이 아니면 나서기 싫어하는데 유리 같은 친구들이 있어 학교가 더 밝고 희망찬 곳이 되는 것 같아요. 저는 이런 학생들에게 항상 고마움을 느낍니다. 전교의 학생들을 돌보지 못할 때가 많은데 많은 친구들이 유리와 같은 친구가 있어 큰 도움을 받고 있거든요. 하지만 유리는 반장이 되며 많은 피곤함을 느끼게 되었군요. 유리가 친구들을 도와주고 싶어 하는 마음은 분명 많은 도움을 줄 수 있지만 어떤 장소와 상황에서 이런 마음을 활용할지를 배워야 할 것 같습니다. 친구들을 도와준다는 마음은 좋지만 유리가 친구관계에서의 피로를 느끼게 되는 것이 장기적으로는 친구관계 그리고 인간관계, 리더로 친구들 앞에 서는 것에 대해 부정적인 인식으로 이어질 수 있기 때문이에요. 더불어 자신에게 써야 할 에너지를 관계 맺기에 과도하게 사용한다면 자신의 일들에도 영향을 미칠 수 있습니다. 유리는 관계에 있어 경계 조절하기를 알면 더 좋을 것 같아요.

경계조절이란 자신과 타인의 경계선을 이해하고 나와 타인이 편안하고 안전하게 느낄 수 있는 적절한 거리감을 유지하는 것을 말해요. 이 거리에는 물리적인 거리와 감정적인 거리가 존재하고 거리감에 따라 내가 할 수 있는 역할도 달라지지요. 자신이 어느 정도까지 타인을 허용할 수 있는지 그리고 다른 사람은 나를 어디까지 허용하는지를 알아차리며 다른 사람 또는 자신이 어떤 일에 개입할지를 정해야 해요. 이 경계는 사람들마다 다 다릅니다. 나는 거리감이 가까운 것이 좋다고 해서 다른 사람들에게도 이 거리감을 강요할 수는 없지요. 나의 거리감이 가깝더라도 다른 친구의 거리감이 멀다면 우리는 이 사이를 유지하며 타인이 안전하고 편하게 느낄 수 있도록 도와주어야 해요. 경계를 조절한다는 의미는 자신의 안전한 경계뿐만이 아닌 다른 친구들의 경계를 이해하고 존중하는 것까지 포함됩니다. 나는 도움을 준다고 생각하고 있지만 가끔은 그것이 타인의 경계를 존중하지 않고 지나치게 개입하려는 모습이 될 수도 있습니다. 누군가에게는 잘 챙겨 주는 친절한 아이로 보일 수도 있지만 친하지 않거나 스스로 하고 싶은 아이들에게는 지나치게 참견하는 아이로 비춰질 수도 있겠지요. 유리는 친구들과 어느 정도의 경계까지를 편하다고 느낄까요? 그리고 유리의 도움을 싫어하는 친구들은 어디까지를 편한 경계라고 느끼고 있을까요? 또한 유리는 교실에서 스스로 선생님의 역할을 하며 스트레스를 받는 것처럼 보입니다. 사적으로 맺는 친구들과의 관계에 있어 유리가 다른 친구들을 도와줄 수 있고 훌륭한 중재자의 역할을 할 능력이 있는 것은 좋은 일이지만 이것이 준비된 상태에서 자신이 하고 싶을 때 능력을 발휘하는 것과 해야만 한다고 생각해서 하는 건 다른 문제가 될 것 같습니다. 그리고 해야만 한다는 생각이 아이에게는 정신적으로 피로한 일이 될 수 있지요. 유리의 경우에도 반장이라서 그렇게 해야 한다거나 왜 나만 이렇게 해야 하냐는 생각에 이미 힘든 마음이 있는 것처럼 보여요. 유리가 앞으로 친구들과의 관계에서 피로도를 줄이기 위해 다음과 같은 3가지를 생각해 보면 좋을 것 같습니다.

1) 내가 안전하고 편안하다고 느끼는 세상과 나의 경계를 생각해 보아요

유리가 할 수 있다고 해서 반드시 해야 하는 것이 아니지요. 그리고 학교의 모든 사람에게는 역할이 있습니다. 하지만 그 역할을 완벽히 수행하는 건 어려운 일입니다. 때로는 일보다 자신을 앞에 두고 자신의 감정과 욕구를 챙기며 좀 더 행복하게 지낼 수 있으면 좋을 것 같습니다. 타인의 문제에 개입하는 것과 자신을 지키는 것 사이에 균형을 잡을 수 있도록 나의 경계를 존중해야 함을 알려 주세요.

2) 나의 경계와 타인의 경계를 구분해요

내가 조절하고 통제할 수 있는 것은 나의 경계까지입니다. 나의 경계와 타인의 경계를 명확하게 인식하고 타인의 경계에 해당하는 문제는 타인이 해결할 수 있도록 해야 합니다. 타인이 해야 하는 일을 대신해 줄 수는 있어도 결국 스스로 하지 않으면 문제는 반복되기 때문에 타인이 문제 해결 방법을 배워 자신의 문제를 스스로 해결할 수 있게 해주는 것이 더 도움이 되는 일임을 유리는 알아야 합니다. 또한 타인의 경계에 해당하는 일을 지나치게 신경 쓰거나 지시하려는 행동은 나에게도 불편한 마음을 증가시켜 스트레스로 이어집니다. 타인의 경계에 해당하는 부분에 개입하려고 할 때 "이 문제는 내가 개입을 해야 하는 일인가?" 또는 "이것은 내가 관여하지 않으면 안 되는 부분인가?" 스스로에게 질문하며 자신의 역할에 따른 책임과 간섭의 경계를 구분하는 연습을 해보세요. 이렇게 하면 스스로도 더 자유롭고 편안한 마음을 가질 수 있습니다.

3) 타인의 경계가 헷갈릴 때는 도움이 필요한지 상대방에게 물어봐요

경계선이 먼 학생들을 도와주고 싶을 때는 도움이 필요한지 먼저 물어보는 것이 좋습니다. 이 부분에서 도움을 받는다면 충분히 더 나아질 수 있는 상황일 때에도 타인의 선택을 존중하고 신뢰할 수 있어야 합니다. 다른 친구가 나와 다른 선택과 행동을 하는 것은 자연스러운 일입니다.

유리가 좀 더 편안한 마음을 가질 수 있도록 필요한 점을 조언해 보았습니다. 유리가 모든 것을 조절하지 않아도 된다는 것, 그렇게 할 수 없다는 것을 잘 받아들이고 친구들을 신뢰하는 마음이 더 생긴다면 지금보다 편안한 학교생활을 할 수 있지 않을까 합니다. 훌륭한 리더로 성장하는 유리의 모습이 벌써부터 너무 기대됩니다.

사례 3.
(사회적 위축) 친구에게 너무 관심이 없는 아이

저희 민준이는 4학년 남학생입니다. 어릴 때부터 조용하고 낯을 가렸어요. 내향적인 편이라 친구들과 어울리기보다는 혼자 책을 읽거나 게임하는 것을 좋아했습니다. 아파트 놀이터에 나가서 친구들과 놀 수 있게끔 자리를 만들어 주기도 했는데 친구들이 놀자고 해도 어색해하거나 서툴게 그 제안을 거절하는 경우가 많았습니다. 친구들이 먼저 말을 걸지 않으면 혼자서 노는 경우도 많았어요. 그래도 집에 오면 밝게 잘 지내고 말도 많이 할 때도 있어서 크게 걱정하지 않았습니다. 그런데 이번에 학부모 상담 때 담임선생님과 이야기를 나누었는데 선생님이 민준이를 걱정하시더라고요. 선생님은 민준이가 쉬는 시간에 혼자 있는 모습, 친구들이 말을 걸면 화들짝 놀라는 모습들이 위축되어 보인다고 하셨어요. 발표를 할 때는 불안해하며 말을 더듬거나 아무 대답을 하지 못할 때도 있다고 하시더라고요. 집에서는 그런 일이 전혀 없어서 몰랐습니다. 선생님께서는 사회적 관계에 민준이가 어려움을 느끼고 있는 것 같다고 방법을 한번 찾아보자고 하셨어요. 집에 와서 민준이에게 반 친구들과 함께 지내는 게 어려운지 물어봤는데 그냥 자기는 혼자인 게 편하다고 친구들에게 별로 관심이 없다고 말하네요. 이유를 물어봐도 그냥 불편해서라고 하는데 아이가 어떤 마음인지 모르겠어요. 어떻게 하면 좋을까요?

이렇게 해볼까요?

　민준이의 집에서와는 다른 모습을 알게 되어서 놀라셨을 것 같아요. 어른들이 회사와 가정, 그리고 친구들이나 가족들과 있을 때 다른 모습을 보이는 것처럼 아이들도 여러 가지 모습을 가지고 있지요. 특히 집이라는 옹호적이고 안전한 환경과 학교에서 보여 주는 모습은 다를 수 있습니다. 민준이는 원래부터 내향적인 성격이었군요. 그런데 지금 민준이가 보여 주는 모습은 사회적 위축(Social withdrawal)과 좀 더 가까운 것 같아요. 사회적 위축은 사회적 기술이 낮은 상태에서 아동기에 나타날 수 있는 부적응적인 모습 중 하나입니다. 내향적인 아이들이 사회적 위축을 겪을 가능성이 외향적인 아이들보다 높겠지만 그렇다고 모든 내향적인 아이들이 사회적 위축을 겪는 것은 아닙니다. 외부와의 소통보다는 내적인 소통을 통해서 에너지를 회복하고 개인적인 시간을 중요시하는 내향형 아이들의 성격적 특성과 외부의 관계 맺기에 대해 부정적인 반응(불안, 회피) 등을 가지며 사회적 상황을 피하려고 하는 사회적 위축은 구분되어야 합니다. 먼저 민준이의 행동들이 자연스러운 성격적 요인들로 인한 것인지, 관계 맺기에 대한 불안이나 불편감으로 인해 나타나는 것인지를 살펴보아야 할 것 같아요.

　사회적 위축은 여러 가지 요인으로 나타날 수 있습니다. 이를 위해서 4가지 정도의 모습들을 집중적으로 살펴보시면 좋을 것 같아요.

1) 사회적 불안감

민준이는 왜 관계 맺기에 소극적인 모습을 보일까요? 사회적 위축에 영향을 크게 미치는 것 중 한 가지는 불안감입니다. 사회적 상황을 마주하게 되면 우리는 자연스럽게 긴장을 합니다. 내가 잘 알지 못하는데 무언가를 해야 할 때, 아니면 중요한 무언가를 처음 시도해야 할 때 우리는 이런 긴장감을 느끼게 되지요. 사회적 위축을 느끼는 아이들은 이런 불안감이 클 수도 있습니다. 처음 관계 맺기를 할 때 필연적으로 찾아오는 긴장감에서 느끼는 불편함이 커서 상호 작용을 피하게 되는 것이죠. 이런 사회적 불안감이 큰 아이들은 특히 새로운 사람과 상호 작용하는 것을 피하려는 모습을 보입니다. 사회적 불안감으로 인하여 관계 맺기에 소극적인 모습을 보이는 경우 관계를 맺어 나가는 연습을 하며 관계 맺기에 대한 자신감과 경험을 점차적으로 쌓는 훈련 과정이 필요합니다.

2) 내향적 성향

내향적 성향은 자연스러운 성격적 특성으로, 혼자 있는 시간을 통하여 에너지가 회복되어야 하는데 회복이 이루어지지 않아 교실에서의 상호 작용에 소극적인 모습을 띨 수도 있습니다. 민준이의 학급에서의 어려움이 내향적 성향에서 기인하는 것이 크다고 느껴진다면 학교에서 혼자 있을 수 있는 시간이나 장소들을 알려 주세요. 지쳐 있을 때 교실보다는 도서관에 있는 것이 여러 친구들의 소음으로부터 벗어나 도움이 되겠지요. 밥을 먹고 나면 교실에 남아 있는 것보다 운동장을 산책하는 것이 외부 자극으로부터 오는 스트레스를 줄이는 데에 도움이 될 것입니다. 그리고 여러 명의 친구들과 어울리기보다는 소규모의 친구들과 함께 깊이 있는 관계를 형성할 때 관계로부터 오는 피로감과 스트레스를 줄일 수 있을 것입니다.

3) 회피적 성향

회피적 성향을 가진 친구들은 이전 관계에서 부정적인 경험이 있을 때 더 잘 나타납니다. 예를 들어 이전에 이사를 자주 다녀 친구들과 계속 이별하는 과정에서 스트레스를 받은 경우 또는 이전의 친구들과의 관계에서 괴롭힘이나 부정적 평가를 받았던 경우에는 새롭게 관계 맺는 것을 피하려는 행동들이 관찰될 수 있습니다. 이런 모습을 보이는 경우 새로운 관계를 맺으며 관계에 대해 가지고 있었던 부정적인 경험을 긍정적인 경험으로 덧씌우는 과정이 필요합니다. 이 과정에서 작은 성공 경험에 대한 주변 사람들의 지지를 통해 새로운 관계에 대한 긍정적인 자아상을 그려야 합니다. 그리고 치유와 회복의 과정이 필요할 것으로 예상되어 학교 내외의 상담 전문가의 도움 또한 제공받을 수 있다면 더 효과적인 변화를 기대할 수 있을 것 같습니다.

4) 정서적 둔감화

정서적으로 둔감한 친구들은 기본적으로 타인에게 호감이나 관심이 적습니다. 이 경우에는 정서와 인지 사이의 연결이 약하여 친구들에 대한 욕구가 제대로 활성화되지 않기 때문입니다. 사회적 관계뿐만 아니라 자신의 감정을 인식하고 표현하는 것에도 둔감화되어 제대로 감정을 표현하는 것에 어려움을 겪는 모습 또한 동반될 가능성이 높습니다. 따라서 정서적으로 친구들과의 놀이나 상호 작용에서 느끼는 흥미 정도가 떨어집니다. 이런 상황에서는 먼저 아동 스스로의 정서를 인지하는 능력을 키워 주어야 합니다. 자신의 감정을 먼저 인식하고 친구들과의 상호 작용이 이루어질 때 긍정적인 감정이 떠오르는 연결 과정을 강화시켜 나가는 훈련이 필요합니다. 또한 친구와의 상호 작용이 끝난 후에는 이를 다시 떠올려 보며 관계 맺기에서 얻을 수 있는 긍정적인 감정에 대한 보상을 재인식하는 과정이 동반된다면 가장 좋겠습니다.

이렇게 민준이의 소극적인 관계 맺기에 영향을 끼칠 수 있는 4가지 요인들을 살펴보았는데요. 한 가지 요인이 아닌 여러 가지 요인이 섞여서 작용할 수도 있고 여기에 나와 있지는 않지만 소극적 관계 맺기에 영향을 주는 다른 요인들이 존재할 수도 있으니 민준이가 친구들과 어떻게 상호 작용하는지 관찰하면서 생각을 정리해 본다면 더 도움이 되지 않을까 합니다. 더불어 민준이가 학교에서 사회적인 관계들을 늘려 나갈 수 있도록 다음과 같은 2가지 방안을 추천합니다.

1) 점진적 노출

소극적인 관계 맺기 모습을 보이는 아이들을 갑자기 새로운 친구들이 있는 곳에 노출시키고 상호 작용을 하고 오라고 한다면 공포감을 느낄 수 있습니다. 처음 수영을 배울 때 무작정 바다에 던져두고 수영을 배우길 바라지 않는 것처럼 안전하고 구조화된 환경에서 소수의 친구들과 차근차근 점진적으로 노출하며 관계 맺기를 배우는 것을 권장합니다. 이를 통해 인간관계에서 오는 상호 작용에 대한 기쁨들에 조금씩 노출시켜 관계 맺기에 대해 자연스럽게 자신감을 쌓을 수 있도록 도울 수 있습니다. 모든 도전은 스트레스를 가지고 있습니다. 어느 정도의 스트레스를 받는 것은 새로운 자신으로 나아가는 과정에 있어 필수적이기에 아동이 다소 불편함을 느낀다고 하여도 감당이 가능한 선이라면 도전할 수 있게 환경과 기회를 마련해 주는 것이 좋습니다.

2) 사회적 기술 훈련

사회적 기술 훈련을 통해 관계 맺기에 대한 불안감과 자신감 없음을 적극적으로 다룹니다. 이는 타인의 감정 읽기 등을 조금씩 연습하는 것, 사회적인 상황에 직간접적으로 노출되는 것, 그리고 건강한 관계 맺기가 가능한 조력자로부터 사회적 상황에 대한 피드백을 받는 것을 포함합니다. 예를 들어 가정에서 함께 TV 프로그램을 보고 "저럴 때는 어떻게 하면 좋을까?",

"저렇게 행동하면 주변 사람들의 반응이 어떨 것 같아?"라고 물어보거나 동화책을 보며 "왜 이 인물은 이런 선택을 한 걸까?", "왜 이 캐릭터는 이런 감정을 느낀 거지?"와 같이 질문들을 통해 아이의 사회적 감수성을 기르는 것입니다. 이런 간접적인 관계 맺기 경험을 통해서 질문에 대한 정답을 찾아나가는 작은 성공들을 경험하면 아동은 관계 맺기에 대한 자신감을 얻을 수 있습니다.

친구에게 비교적 관심이 적은 아이들은 있지만 일정 시간이 흘러도 반 친구들의 이름을 모르는 등의 비교적 일반적이지 않은 수준에서 관심의 정도가 적다면 전반적인 발달 부분에 부정적인 영향을 미칠 수 있습니다. 아이의 모습을 잘 관찰하여 여러 가지 요인 중 어떤 요인이 강한지 살펴보고 부모님과 교육자가 아이의 성향과 속도를 잘 고려하여 적극적인 피드백과 도움을 제공할 필요가 있습니다. 모든 사람의 행복에는 관계가 필수적입니다. 어떤 관계를 어느 정도로 맺느냐는 다르지만 이걸 아이가 선택할 수 있게 장기적인 관점에서 사회적 능력을 기를 수 있도록 도와주세요.

사례 4.

(감정조절과 규칙 따르기) 승부욕이 강한 저학년 아이

민호는 1학년 학생입니다. 승부욕이 강해서 항상 이기고 싶어 하고 게임을 할 때 결과에 매우 집착합니다. 예를 들어 집에서 보드게임을 하면 꼭 점수를 더 많이 얻으려고 애쓰고 아빠가 점수를 더 많이 가져가면 규칙을 어겼다고 떼를 쓰거나 게임을 엎어 버립니다. 그러면 안 된다고 이야기를 하려 하지만 너무 흥분한 상태라 이야기가 잘되지 않았습니다. 한참 달래준 후에야 진정하곤 합니다. 달래준 후에는 너무 지친 상태라 앞으로 그러면 안 된다고 주의만 주고 있어요. 그럴 때는 대답을 잘하긴 합니다. 민호가 학교에서 잘할 수 있을까 걱정하였는데 수업 시간에도 비슷한 어려움이 나타나는 것 같았습니다. 체육 시간에 이기기 위해서 걸어야 하는 규칙을 무시하고 자기 마음대로 달린다든가 친구들과 게임을 할 때에 자기 마음대로 되지 않으면 게임을 안 한다고 하고 교실 뒤에 혼자 앉아 있는다고 하더라고요. 선생님도 몇 번 달래주려고 했는데 삐진 상태에서 듣지도 않아 지도하는 데 어려움이 있다고 하셨습니다. 그러다 보니 자연스럽게 민호에게 맞추어 주는 친구들이랑만 이야기하는 것 같더라고요. 민호가 점점 자랄 텐데 이런 모습들이 앞으로 친구를 만드는 데 부정적인 영향을 크게 줄 것 같습니다. 민호에게 어떻게 도움을 줄 수 있을까요?

이렇게 해볼까요?

민호 때문에 고민이 많으셨을 것 같아요. 저학년 학생들은 사회적 기준을 이해하고 규칙을 파악하는 능력이 발달하고 있는 중이기 때문에 이로 인하여 사회성이 부족해 보이는 경우가 많습니다. 만약 이전에 또래와 상호 작용이 많지 않았던 아이들, 주로 어른들과 놀이 활동을 하였던 아이들이 1학년 때 가장 어려움을 겪는 부분이기도 합니다. 어린아이들은 상황에 맞는 규칙이나 사회적 이해관계들을 이성적으로 이해하고 감정을 조절하는 데 큰 어려움이 있지요. 저학년 아이들은 서로 규칙을 알려 주며 알아 가기 어려울 수 있기 때문에 서로의 입장을 이해하지 못하고 놀이에서 배제되는 형태를 많이 띕니다. 속상하긴 하지만 매번 혼자서만 이기려고 하는 아이, 규칙을 어기는 아이와 함께 놀이를 하고 싶은 아이들은 많지 않지요. 이런 경우 자신의 주장을 받아 주는 아이들과만 놀고 싶어 하는 모습을 보이는데 이러한 관계 맺기 방식이 계속 강화된다면 학년이 올라갈수록 친구를 사귀기 어려워지기 때문에 초기에 적극적인 피드백을 통해 규칙과 사회적 기준을 이해시키는 과정이 매우 중요합니다.

1) 개인전이 아닌 팀으로 결과를 이루는 게임을 활용하여 연습해요

민호는 집에서 어떤 보드게임을 많이 하나요? 할리갈리, 도전 골든벨과 같이 개인전으로 참여하는 게임보다 팀전으로 협력하여 결과를 이루는 게임을 같이 해보는 것을 추천합니다. 예를 들어 퍼즐이나 탑쌓기, 만들기와 같이 경쟁이 발생하지 않고 서로 협력하는 활동을 함께 하며 게임에 대한 규칙과 사회적 상호 작용을 학습시켜 봅시다. 이후 점차 게임에 익숙해졌다면 경쟁이 약한 게임부터 시작하며 사회적 기술들을 쌓는 과정이 도움이 되지 않을까 합니다. 이때 우연에 의해 결과가 정해지는 게임인 백만장자, 부루마블, 토끼 달리기 등을 통하여 능력에 의해 게임의 결과가 정해지지 않고 어쩔 수 없는 상황에 의해 게임의 결과가 정해지는 경험을 통해 조절할 수 없는 상황에 의해 질 수도 있음을 자연스럽게 학습시켜 주는 것도 필요합니다. 단, 이런 게임을 할 때 경쟁심이 강한 아이의 경우 불안이 커질 수도 있는데 이때에는 아동의 상태를 잘 점검하며 다시 불안이 발생하지 않는 게임으로 돌아가는 등의 조정 과정이 필요합니다.

2) 이기는 것보다 함께 즐기는 것에 즐거움을 느낄 수 있도록 훈련해요

아동이 이기는 것에 집착하는 이유는 무엇일까요? 이겼을 때 느끼는 신남과 기쁨이 있기 때문입니다. 즉, 신남과 기쁨을 다른 것에서 제공받을 수 있다면 아동의 행동을 다르게 변화시킬 수 있다는 의미이기도 합니다. 민호가 자신의 이기는 모습이 아닌 함께 잘 즐기는 자신의 모습에서 신남을 얻을 수 있도록 강화해 주세요. 협력 게임을 할 때 아동이 협동적인 행동을 하거나 도움을 제공하는 행동을 했을 때 그 행동에 적극적인 칭찬을 하여 해당 행동을 강화해 주세요. 예를 들어 블록을 건네주었을 때, 게임에서 지고 있는 부모님을 응원해 주었을 때 등 자그마한 행동도 좋으니 아동을 관찰하며 협력적인 행동들을 최대한 많이 찾아내고 칭찬하는 것이 좋습니다. 그리고 게임을 성공적으로 끝냈을 때는 승패에 대한 이야기가 아닌 게임을 하며 즐거웠던 모습에 대해서 반드시 이야기를 나눕니다.

"오늘 민호가 엄마한테 먼저 하라고 순서를 양보해 줘서 너무 기분이 좋았어."

"오늘 민호가 아빠한테 저도 괜찮다고 말해 줘서 좋았어. 덕분에 졌지만 너무 재미있게 게임을 했어. 민호의 응원 덕분이야."

"저번에는 민호가 게임에서 질 것 같다고 중간에 안 할거라고 했는데 오늘은 민호가 질 것 같다고 느꼈는데도 계속 같이 해줘서 좋았어. 민호 덕분에 너무너무 재미있었어. 또 민호랑 같이 게임하고 싶었어. 민호도 오늘 게임이 즐거웠니?"

이렇게 민호와 게임을 할 때 민호의 행동들을 열심히 관찰하고 그러한 말과 행동을 조금이라도 보여 주었다면 즉시 강화물을 제공합니다. 그리고 게임을 성공적으로 마쳤을 때는 발전하고 성장한 민호의 모습을 발견하고 칭찬해 줄 수 있다면 가장 좋겠습니다.

3) 감정조절 하는 방법을 훈련해요

민호가 게임에서 자주 보여 주는 모습을 바탕으로 게임을 시작하기 전에 규칙을 정해 주세요. 게임을 하며 물건을 집어 던지거나 게임에서 나가 버리는 등의 행동을 보일 때에는, 먼저 감정을 조절할 수 있는 시간을 주고 다시 게임에 돌아와서 참여할 수 있도록 하며 감정조절을 연습하게 합니다. 민호가 감정을 조절하지 못할 때 우리는 다음과 같이 이야기할 수 있습니다. "소리를 지르고 화를 내면 게임에 참여할 수 없어. 민호가 진정되면 게임에 다시 참여할 수 있으니 준비가 되면 말해 줘." 이후에는 민호가 감정을 조절할 수 있을 때까지 그 자리에서 기다립니다. 흥분한 상태의 민호에게는 행동에 대한 피드백을 해도 받아들일 준비가 되어 있지 않기 때문에 의미가 없습니다. 또한 달래 주는 행동을 하게 되면 문제가 되는 행동이 강화될 수 있으므로 최대한 관심을 제거해야 합니다. 화가 나서 훈육을 하고 싶더라도 이것은 연습과 훈련의 과정임을 기억하고 가능한 한 평온한 표정으로 기다려주는 것이 좋습니다.

"민호가 감정을 가라앉힐 때까지 우리는 민호를 기다리고 있어."

"민호가 준비되면 언제든지 게임에 다시 참여할 수 있어."

이렇게 거부 당하지 않는 느낌을 주는 동시에 민호가 스스로 감정을 조절할 수 있는 시간을 제공하고 연습할 수 있도록 해주세요. 시간이 지났음에도 아동이 감정을 추스리지 못한다면 "우리가 맨 처음 약속했던 규칙을 지키지 않아서 오늘은 더 이상 게임할 수 없어. 우리도 너무 아쉽지만 이건 약속이라서 어쩔 수 없는 거야."라고 이야기할 수도 있습니다. 하지만 가능한 한 아동이 감정을 추스릴 수 있게 시간을 제공하여 다시 게임에 참여하는 과정을 연습할 수 있도록 하는 것을 권장합니다. 그리고 게임에 다시 참여하게 되었을 때는 아무 일이 없다는 듯이 게임을 진행하며, 감정을 가라앉히고 게임에 참여했을 때 즐거운 상황이 기다리고 있음을 배울 수 있도록 해주세요.

만약에 위의 과정들과 함께 감정조절 훈련을 지속적 · 반복적으로 해보았음에도 별로 효과가 없다면 전문가와 상담을 해보시는 것도 좋은 생각입니다. 이런 경우에는 충동성의 문제로 인해 스스로 충동성을 조절하지 못하는 아이들도 있는데 이때는 훈련보다 충동성 조절이 선행되어야 합니다. 지금까지 민호의 감정조절 능력을 높이고 사회적 규칙에 따를 수 있도록 돕는 방법에 대해서 알아보았는데요. 이 과정은 사회적 경험을 계속 쌓아주는 장기적이고 피로도가 높은 작업입니다. 하지만 저학년의 경우 학교에서 배우는 것이 힘들 수 있기 때문에 무엇보다 가정에서의 많은 지원과 노력이 필요하지요. 꾸준한 노력을 통해 2학년 때는 경쟁적인 상황에서도, 게임에서 져도 친구와 즐겁게 지낼 수 있을 만큼 성장하는 아이들을 많이 보았습니다. 장기적인 관점에서 민호에게 꾸준히 사회적인 자극들을 포기하지 않고 제공하는 것이 가장 중요할 것 같습니다.

사례 5.

(소외감 및 배제) 친구들 사이에 소속감을 못 느끼는 아이

저희 소연이는 초등학교 6학년입니다. 톡톡 튀는 개성과 창의적인 생각이 많은 아이이지요. 웃음도 많고 친구들에게 재미있는 농담을 하며 분위기를 밝게 만드는 것을 좋아해요. 그런데 소연이의 유머가 친구들에게 잘 이해받지는 못합니다. 예를 들어 소연이는 이상한 목소리로 흉내 내기나 노래 부르기를 좋아하는데 일부 친구들은 이런 모습을 귀엽고 재미있다고 느끼지만 다른 친구들은 소연이를 부끄럽고, 이상하다고 생각하여 소연이와 거리를 두려고 합니다. 또 주변의 또래 친구들이 좋아하는 것과 소연이가 좋아하는 것이 많이 다르기도 합니다. 소연이는 친구들과 함께 놀고 싶어 하는데 친구들이 소연이와 함께 놀기를 꺼리는 상황이 반복되면서 소외감을 느끼고 있는 것 같습니다. 그럴 때면 소연이는 자신의 개성을 매우 사랑하지만 아이들이 나를 이상하게 생각하는 것 같아 속상하다며 학교에 가기 싫다고 이야기합니다. 부모로서 소연이의 개성이 존중받을 수 있도록 도와주고 싶기도 하고 이런 소외감을 느끼는 상황이 속상하기도 합니다. 어떻게 하면 소연이가 친구들과 긍정적인 관계를 맺으면서도 자신감과 자존감을 지킬 수 있도록 도와줄 수 있을까요?

이렇게 해볼까요?

소연이는 개성이 강한 아이군요. 자신의 개성을 어린 나이부터 알아차릴 수 있는 건 큰 행운인 것 같습니다! 개성이 강한 아이들은 자신만의 세계관이 있는 경우가 있는데요. 종종 의사소통에 있어 해석의 방향이 다르거나 자신만의 세계에 몰두하는 경향이 있어 다른 아이들과 소통 방식의 차이로 어려움을 겪기도 합니다. 이로 인해 또래들과 잘 맞지 않음을 느끼고 친구들과 관계 형성이 힘들 수도 있지요. 저학년 때와의 사회성과는 다르게 고학년 때의 사회성은 더 많은 복잡성을 가지고 있습니다. 이전 시기부터 쌓아 온 경험이 있기에 관계의 맥락성이 다양하고 아이들마다 자아가 더 확립되어 있어 친해지는 방법도 저마다 다릅니다. 개성이 강한 아이들은 자신의 개성에 대한 특징을 인정하고 수용하면서도 사회적 소통 기술을 발전시킬 수 있도록 도와야 합니다. 다른 사람들과 자신의 차이를 수용하고 소통하는 방법을 배울 수 있도록 도와주면 좋을 것 같아요.

1) 친구들과 공통의 관심사를 찾아요

소연이는 아마 친구들에게 자신의 개성을 많이 표현하고 알려 주고 싶어 하는 것 같아요. 하지만 이러한 소연이의 개성이 불편한 친구들이 있지요. 이런 친구들과 소통할 때는 소연이의 개성을 주제로 하지 않고 친구들과 공통으로 관심이 있는 주제를 선택하여 이야기할 수 있도록 도와주면 좋을 것 같습니다. 소연이에게 친구들은 무엇을 좋아하는 것 같은지 그중 소연이와 어떤 공통점이 있는 것 같은지 탐색하며 알아차릴 수 있도록 도와주세요. 소연이의 개성을 감출 필요는 없지만 사람들마다 나눌 수 있는 이야기의 주제가 다르다는 것을 소연이가 배울 수 있다면 더 많은 사람들과 관계를 확장시켜 나갈 수 있을 것으로 보입니다.

2) 비슷한 성향의 친구를 찾아봐요

소연이가 좋아하는 것을 같이 좋아하는 친구들을 만날 수 있는 기회를 제공해 주세요. 학교 내에서는 동아리 친구들을 만난다면 내가 좋아하는 걸 더 잘 나눌 수 있겠지요. 반에서는 나와 비슷한 성향의 친구를 찾기가 때론 어려울 수도 있지만 반의 친구들과는 다른 주제로 이야기를 하고, 내가 좋아하는 것들은 학교 내의 동아리 활동을 통해 만난 친구들과 나눌 수 있습니다. 또한 필요하다면 외부 활동에 참여해도 좋을 것 같아요. 문화센터의 아동 뮤지컬 활동, 아트 클래스와 같이 창의적인 성격이 강점을 가지는 활동들을 추가적으로 경험하며 자신과 비슷한 친구들을 만날 수 있는 기회를 제공해 주는 것도 좋을 것 같습니다.

3) 정서적 지원 및 간접적 개성 표현 방법을 알려 줘요

소연이가 자신의 개성을 마음껏 드러낼 수 있는 열린 공간을 제공해 주세요. 현실에서 소연이의 개성이 제한되었던 만큼 글쓰기, 그림 그리기 등 정신적인 활동에서 개성을 표현할 수 있게 도와줄 수 있습니다. 또한 이러한 창작물을 친구들과 공유할 수도 있습니다. 창작물 공유를 통해 친구들에게 간접적으로 소연이의 개성을 표현할 수도 있지요. 직접적인 개성 표현은 부담스러워하지만, 간접적인 개성 표현은 잘 받아들이는 친구들도 많습니다. 소연이에게 이런 간접적인 형태의 표현 방법을 알려 주는 것은 어떨까요?

위에 말씀해 주신 사례 중 가장 기억에 남는 부분이 '소연이가 자신에 대한 자신감과 자존감을 지킬 수 있도록'이라는 부분이었습니다. 맞습니다. 소연이가 더 즐겁게 지내기 위해 어떻게 표현할 수 있을까를 고민하고 있을 뿐 소연이가 잘못한 것은 없지요. 다른 사람들과 다른 관점으로 세상을 바라본다는 것은 큰 축복인 동시에 고통으로 다가올 수도 있습니다. 하지만 나의 관점을 유지하면서 세상과 소통하는 방법을 배웠을 때 소연이는 많은 사람들에게 영감을 줄 수 있는 사람으로 성장할 수 있을 거예요. 지금의 소외감은 과정일뿐 결과가 아닙니다. 앞으로도 소연이가 자신의 개성을 긍정적으로 강화할 수 있도록 도와주세요.

교우관계는 학교생활의 꽃입니다. 학교에서 맺은 관계들이 영원히 가지 못한다고 해도 그 안에서 성장하는 자신의 모습과 경험들은 언제나 마음속에 남아 있지요. 친구들과의 관계는 언제나 아이들에게 큰 고민과 스트레스인 것 같습니다. 그럼에도 불구하고 학교생활의 어려움을 견디게 도와주는 것도 관계입니다. 다양한 배경의 사람들이 학교에 모이는 만큼 분명 여러 가지 시행착오들이 있지만 가정이라는 안정적인 관계를 바탕으로 학교에서 관계를 만드는 방법을 배우고 아이들이 세상에 나와 가족들이 아닌 타인 또한 마음에 담는 방법을 배운다면 아이들의 세계는 더욱 놀랍고 기쁜 일들이 많아질 것입니다.

질문과 함께 정리해 보는 우리 아이 학교생활

　이번에는 학교에서 아이들이 느낄 수 있는 교우관계에서의 어려움에 대해 다루어 보았습니다. 아래의 질문들을 정리해 보며 우리 아이의 교우관계에 어떤 도움을 줄 수 있을지 생각하여 봅시다.

1. 이 챕터를 읽으며 가장 인상 깊었던 부분에 대해서 적어 보세요.

----

2. 우리 아이를 인터뷰하며 아이의 교우관계에 대해서 생각해 봅시다. 우리 아이는 친구의 어떤 행동을 좋아하고 어떤 행동을 불편해 할까요? 그리고 친구가 어떤 행동이나 말을 해줬을 때 기뻤는지 살펴보며 어떤 유형의 관계를 원하는지 알아봅시다.

좋아하는 친구 이름	친구를 좋아하는 이유	친구가 불편할 때는?	친구가 했던 말이나 행동 중 제일 좋았던 것은?

3. 좋은 친구란 어떤 친구일까요? 아이와 함께 좋은 친구란 무엇일지 의논하여 적어 보세요!

맺음말

책을 맺으며: 아이들에게 좋은 환경이란…

　지금까지 고생이 많으셨습니다. 부족한 글솜씨로 인해 혹시 이해가 어려우셨다면 넓은 마음으로 이해 부탁드리겠습니다. 이 책을 쓰며 어떤 내용을 담을지 고민해 보는 시간은 저에게 정말 큰 기쁨을 주었습니다. 여러 아이들과 부모님을 마주했던 경험들을 생각하며 처음 부모·자녀의 깊고도 끝을 알 수 없는 관계를 마주하였을 때의 두려움과 경이로움을 오랜만에 떠올렸습니다. 양육을 하다 보면 나의 수많은 거울을 마주하게 됩니다. 내가 누군가를 이렇게 사랑할 수 있었나? 내가 이렇게 별로인 사람이었다니. 나의 좋은 점들과 싫은 점들을 어쩌면 연애를 할 때보다 더 많이 보게 되지요. 부모와 자녀는 서로가 서로를 더 나은 방향으로 이끌 수 있는 관계이기도 하지만 서로에게 가장 아픔을 줄 수 있는 관계이기도 합니다. 이 소중한 관계를 유지하기 위해서는 고민하고 노력하는 시간이 필요합니다. 자동으로 채워지지는 않죠. 하지만 인생에 이런 사랑을 느낄 수 있는 대상이 있다는 것 자체가 큰 행운이 아닐까 생각합니다.

저의 개인적인 이야기를 잠깐 해볼까 합니다. 저는 현재 초등학교의 상담교사로 재직하고 있습니다. 초등학교 발령과 중학교 발령을 선택하던 중 초등학교에서 일하겠다고 자원하였죠. 중학교와 고등학교에서 이미 자신에 대해 부정적인 이미지를 마음속 깊이 가지게 되어 자신의 가능성을 믿지 않게 된 아이들 그리고 그런 아이들을 보는 게 너무 아파 포기해 버린 부모님들을 보며 이 아이들을 조금 더 일찍 만날 수 있었다면 얼마나 좋았을지 생각했기 때문입니다. '조금 더 일찍 만나서 이 아이들이 선택의 기로에 서 있을 때 좋은 선택을 할 수 있도록 도와줄 수만 있다면 정말 많은 것들이 바뀌었을 텐데….' 그 마음으로 초등상담교사가 되었습니다. 물론 힘들 때도 있지만 그럴 때는 타임머신을 탔다는 마음으로 지냅니다. '나는 이 아이들이 더 행복한 삶을 살 수 있도록 돕기 위해 타임머신을 타고 미래에서 왔다. 그리고 나는 그러길 선택했다.' 좀 엉뚱한 말이지요? 그래도 이렇게 생각하면 화가 나던 마음도, 속상하던 마음도 가라앉습니다. 효과가 좋으니 너무 화가 날 때 한번 써보셔도 좋을 것 같습니다. 그런데 타임머신을 타고 왔다 한들 한 사람의 인생을 바꿀 수 있을 만큼 영향력을 줄 수 있는 사람이 많을까요? 아닐 것 같습니다. 아이들에게 유의미한 타인으로 사는 것은 정말 무겁고도 뿌듯한 일입니다. 선생님들도 그중 하나이지만 가장 큰 영향력을 가지는 것은 역시 부모님이시겠지요. 제가 타임머신을 열 번 타서 과거로 돌아가는 것보다 부모님이 한 번 타는 것이 더 큰 효과를 가진다고 생각합니다. 그 후부터 저는 아이들 상담뿐만 아니라 부모님들을 상담하는 것에도 큰 노력을 들이게 되었습니다. 시간이 갈수록 더 크게 느낍니다. 부모라는 직책은 얼마나 무거운 직책입니까. 모든 부모님들께 마음속 깊이 존경을 표합니다.

학교 현장에서 만난 부모님들께서는 다들 심리검사를 좋아하셨습니다. 좀 더 우리 아이에 대해서 알아볼 수 있는 검사, 나는 잘하고 있는지에 대한 검사를 계속 찾아보곤 하셨지요. 부모와 아동을 평가하는 수많은 검사지들이 있습니다. 하지만 이 검사지들은 결국 부모와 아동의 관계를 보여주는 하나의 수치화된 자료일 뿐 결코 본질은 아닙니다. 평가받고 자신의 위치를 확인하는 것이 익숙한 우리 사회에서 검사지로 안정감을 얻을 수는 있지만 이 많은 자료들보다 부모님이 관찰하고 아이와 이야기를 나누는 것만큼 많은 통찰을 주지는 않을 것입니다. 평가받지 않아도 무언가를 변화시키기 위해 노력하고 있는 부모님들은 결과와 상관없이 모두 만점입니다. 단순히 응원의 말이 아닙니다. 앞에서도 잠시 말하였지만 '아이의 행복을 진심으로 바라며 그를 위해 노력하는 부모'라는 자원 자체가 굉장히 귀하며 아동의 행복을 예측할 수 있는 중요한 환경적 자원이기 때문입니다. 아이들에게 가장 좋은 환경은 나를 있는 그대로 수용해 주고, 힘들 때 나에게 견딜 수 있는 힘과 돌아갈 수 있는 공간을 주며, 사랑이 무엇인지도 모를 때 사랑을 느끼게 해준 양육자가 있는 환경입니다.

마지막으로 학교가 아이들이 행복한 삶을 살기 위한 훌륭한 실험실로 잘 작용할 수 있기를 바라며, 항상 부모님과 아이들의 행복을 진심으로 바라겠습니다.

부록

초등학생 학년별 살펴보아야 하는 점 & 질문 종류들

　초등학생 아이들은 굉장히 빠른 속도로 성장하고는 합니다. 여름 방학이라는 짧은 기간에도 몰라볼 만큼 갑자기 성장하는 아이들도 있지요. 이 시기의 아이들은 인지적, 사회적, 정서적 등 여러 가지 부분에서 중요한 성장들을 종합적으로 해나갑니다. 해당 부록에서는 학년별로 아이들에게 어떤 부분을 살펴보아야 할지, 부모님이나 선생님, 아이의 주변 사람들이 어떤 질문들을 던지면 좋을지를 추가로 다루고 있습니다. 학년에 따라 구분하였으나 모든 아이들의 발달 속도는 다르기 때문에, 아이마다 각자 중점적으로 살펴보거나 발전시켜야 할 부분은 조금씩 다르지 않을까 생각합니다. 아직 이전 단계의 발달 과제들을 끝내지 못했다면 그 과제들을 달성하는 것부터 시작하거나 미처 채우지 못한 부분이 있다면 보충하고 지나가는 것이 좋습니다. 모래 위에 쌓은 성이 금방 무너지는 것처럼 단단한 토대를 세울 수 있도록 하는 것이 오히려 도움이 되니 급하실 필요도 없습니다. 다만, 지금은 우리 아이가 어떤 발달 시기에 있는지, 어떠한 것들을 중요하게 생각해야 하는지를 살펴보세요. 그럼 시작해 보겠습니다.

- 1, 2학년: 규칙과 행동조절, 대인관계 경계 세우기(초급 사회성)
- 3, 4학년: 감정 표현과 자기주장(고급 사회성)
- 5, 6학년: 자아개념 및 자아탐색

 1학년

이런 것들을 살펴보아요!

1학년 때 제일 중요한 것은 학교 적응입니다. 특히 이전에 친척, 부모님 등과 같이 주로 어른들과 시간을 많이 보낸 아이들, 또래 친구들을 접해 볼 기회가 적었던 아이의 경우 어른들의 도움 없이 혼자하는 단체생활을 어려워해 학교라는 공간에 적응하는 데 시간이 더 필요할 수도 있습니다. 또한 기질적으로 예민한 친구들은 새로운 규칙들이 많아지고 함께 해야 하는 공동체 생활에서 학교에 대한 불편감이 높아질 수 있습니다. 불안이 높은 친구들의 경우 낯선 사람들과 새로운 공간에 있어야 한다는 것, 부모님과 오래 떨어져 있어야 한다는 것에 특히 학교 적응을 어려워할 수도 있지요. 아이들 특징에 따라 학교 적응에 대한 난이도나 소요되는 시간이 다릅니다. 이 모든 성격적 특징들을 고려하여 학습 시간에 잘 적응하고 또래들과 잘 어울리며 편안한 상태로 학교생활하는 것을 1학년의 목표로 잡는 것이 좋습니다. 예를 들어, 우리 아이가 승부욕이 강하고 고집이 세다면 마음대로 되지 않았던 모둠 활동, 단체로 진행하는 게임 활동에서 강한 감정을 보이며 폭발적으로 행동할 수도 있는데 이러한 부분을 잘 살펴보고 감정을 스스로 조절할 수 있도록 도와주면 좋습니다. 지켜야 할 규칙들을 지키며, 나의 행동을 이해하고 주변과 긍정적인 관계를 맺을 수 있도록 도와주세요. 학교 적응에 지장을 주는 것들이 있다면 저학년 때 개입할 수록 문제 해결이 쉬우므로 이때에 적극적으로 살펴보고 개입하는 것을 권장합니다.

이런 것들을 질문해 보아요!

Q. 평소에 놀이를 할 때 아이는 규칙을 잘 지키는 편인가요? 규칙에 잘 따르지 않는다면 왜 규칙을 따르지 못하고 있나요?

✿ 규칙을 따르지 못하는 것에도 여러 가지 이유가 있을 수 있습니다. 아이가 지속적으로 규칙 지키기를 어려워한다면 어떤 이유로 어려워하는지 원인을 찾아보세요. 아이가 말로 표현하는 것을 어려워한다면 아이의 행동과 상황을 잘 관찰해 보는 것도 좋은 방법입니다. 교실이나 학교에서의 중재가 어렵다면 가정에서 '규칙이 있는 게임'을 통해 마음에 들지 않아도 규칙에 따르고 감정을 조절하는 연습을 지속적으로 시켜주는 것도 필요합니다. 그리고 '규칙을 지키는 나'의 모습을 좋아할 수 있도록 해주세요.

- -

- -

Q. 우리 아이의 행동을 주변에서 불편해하는 친구가 있나요? 이러한 행동은 언제부터 이어져 왔으며, 특히 어떤 상황일 때 주변을 불편하게 하는 행동이 나타나고 있나요?

✿ 우리 아이의 행동이 주변에서 어떤 반응을 이끌어 내고 있는지 살펴보세요.

- -

- -

Q. 자기 차례를 기다리거나 순서를 잘 지키나요?

- -

- -

Q. 수업 시간에는 제대로 참여하고 있나요?

Q. 학습을 하거나 평소에 읽기, 쓰기, 말하기 중 어려워하는 부분은 없나요?

Q. 선생님의 지시에는 어떻게 반응하는 편인가요?

Q. 학교생활에서 아이가 가장 흥미를 가지고 재미있어 하는 시간은 어떤 시간인가요?

🍀 긴 학교생활을 해나가기 위해서 아이가 학교생활에 흥미를 느끼는 것은 중요합니다. 재미있어하고 즐거움을 주는 활동을 만들 수 있도록 살펴봐 주세요.

Q. 친구들과 함께 노는 것에 얼마나 관심을 가지고 있나요?

✿ 친구들과 보내는 시간에 크게 관심이 없다면 또래와 상호 작용에 흥미를 가질 수 있도록 도움을 주세요. 친구가 많을 필요는 없지만 학교생활에서 친구는 큰 힘이 됩니다. 만약 친구에게 관심이 없는 것은 아니나 자신만의 놀이, 세계에 빠져 다른 사람들을 잘 인식하지 못하고 있는 경우에는 가정에서 보드게임이나 자극이 강하지 않은 놀이, 만들기 활동 등을 통하여 타인과 소통하는 시간을 갖도록 시도해 보는 것도 좋습니다.

2학년

이런 것들을 살펴보아요!

이제 공동체 생활의 규칙도 이해했고, 학교라는 새로운 시스템에 잘 적응한 아이들은 본격적으로 학교생활을 탐구하기 시작합니다. 2학년 때에는 친구들과 재미있게 놀 수 있는 다양한 방법들, 그리고 스트레스를 관리하는 방법들을 익히면 좋습니다. 예를 들어 또래와의 관계에서 거절하고 자신을 보호하는 방법에 대한 학습, 스트레스에 과하게 반응하지 않으며 적절하게 대처하는 것들을 이야기할 수 있습니다. 각자의 기질과 가정 환경에 따라 아이들이 가지고 있는 스트레스 민감도는 다릅니다. 지금까지 혼자서 무언가를 해본 경험이 적거나, 스트레스를 받는 상황에 노출되는 것을 가능한 한 피해 왔다면 스트레스에 대한 면역이 적어 다른 친구들보다 더 학교생활에서 스트레스를 받을 수 있습니다. 학년이 올라갈수록 아이는 혼자 하는 것들을 배워야 합니다. 스스로 자신의 감정을 관리하는 방법, 스스로 자신의 목소리를 내는 방법, 스스로 문제를 해결하는 방법들을 차츰 다듬어 가야 하지요. 하지만 2학년 때에는 자신을 조절하고 관계의 경계를 만드는 것만으로도 충분합니다.

이런 것들을 질문해 보아요!

Q. 우리 아이는 반 친구들의 이름을 잘 알고 있나요?

✿ 이 질문을 통해 아이가 평소 주변 사람들에게 얼마나 관심을 가지고 있는
지를 알 수 있습니다.

Q. 학습하다 틀린 문제가 발생하면 아이는 어떻게 반응하나요?

Q. 친구가 싫은 장난을 할 때 어떻게 반응하나요? 아이가 싫어하는 장
난에는 어떤 것들이 있나요?

✿ 싫어하는 행동을 겪었을 때 단호하게 싫다는 의견을 이야기할 수 있는지 살
펴봐 주세요. 너무 공격적일 필요는 없지만 적절한 대처로 자신을 보호할 수
있는 정도는 되어야 합니다. 그렇다고 과도하게 반응한다면 그 또한 관계에
있어 걸림돌이 될 수도 있겠지요. 한 가지 더 살펴보아야 하는 것은 아이의
민감성입니다. 민감성이 높은 아이들에게 불편감을 주는 장난을 억지로 받
아들이게 하면, 아이가 싫어하고 화를 내게 될 뿐만 아니라 오히려 민감성을
높이고 적응력은 떨어질 수도 있습니다. 이 애매한 경계선을 잘 살펴보시면서
아이가 적절한 공격성과 민감성을 가지고 생활할 수 있도록 도와주세요.

Q. 아이는 선생님이나 부모님, 어른들에게 혼날 때 어떻게 반응하나요?

✿ 다양한 반응들이 나올 수 있습니다. 울거나 반항하기도 하고, 화를 내기도 하며, 불안해하는 아이들도 있습니다. 지시에는 따라야 하지만 아이들의 반응을 통해 어떤 감정 때문에 지시를 이행하는 것을 어려워하는지에 대한 힌트를 얻을 수 있습니다.

Q. 학교생활을 할 때에 선생님이나 어른들의 도움을 필요로 하나요? 도움을 필요로 한다면 어떤 도움을 필요로 하나요?

✿ 특히나 아이가 어떤 것을 어려워하는지, 주변의 도움을 필요로 하는지 살펴봐 주세요. 이를 통해 어떤 것들을 더 신경 쓰고 도와주어야 하는지 알 수 있습니다.

3학년

이런 것들을 살펴보아요!

　3학년이 된 아이들은 학교생활에 완전히 적응하였습니다. 어느 정도 상황 파악이 끝난 아이들은 이제 다른 사람들이 눈에 들어오기 시작합니다. 이때부터 본격적으로 무리를 만들며 친구들에게 부쩍 관심이 많아집니다. 또한 원인과 결과에 대해서도 이전보다 잘 인식할 수 있게 됩니다. 그래서 잘잘못을 가리거나 계속해서 자신이 왜 그렇게 행동했는지 설명하기도 합니다. 하지만 아직 자기 입장에서 생각하는, 자기중심적 사고에 머물러 있는 경향성이 있어 이전보다 다툼이 늘어나는 것처럼 느껴질 수도 있습니다. 이 기회를 잘 활용하면 나 혼자만의 세계에서 벗어나 세상에는 다양한 사람들이 존재한다는 것을 알 수 있지요. 또래 활동이 많아지고 생각들도 만들어지는 만큼 자신의 감정을 조절하고 돌보는 방법과 합리적으로 갈등을 해결하고 올바르게 자기주장을 표현하는 방법을 배워야 합니다. 제일 중요한 것은 자신의 감정에 대해서 느끼는 것입니다. 이전에 "오늘 기분이 어때?"라는 질문에 "좋아요!", "나빠요!"와 같이 다소 단순하게 대답하였던 아이들이 3학년이 되면 조금씩 자신의 감정과 욕구를 명확하게 표현할 수 있게 됩니다. 마음속에는 더 다양한 일들이 일어나는데 표현력이 부족하면 여전히 "좋아요!", "나빠요!"의 굴레에서 벗어나지 못하기도 합니다. 3학년 때 살펴보아야 하는 것은 감정과 자신을 표현하는 능력입니다. 아이들이 자신의 마음을 더 잘 들여다보고 표현할 수 있도록 이야기하고 필요하다면 더 발전할 수 있도록 피드백을 주고 이끌어 주기도 해야 합니다.

이런 것들을 질문해 보아요!

Q. 속상하거나 억울할 때에 감정을 표현하는 편인가요?

❀ 속상하거나 억울한 일을 겪으면 말을 하지 않거나 격앙되어 빠르게 말하는 아이들이 있습니다. 아직은 감정을 다루는 것이 힘들어서일 수 있습니다. 그럴 경우, 일상 속에서 아이가 감정의 파도를 만날 때마다 다른 사람에게 자신의 이야기를 어떻게 전달하면 좋을지 가정에서 같이 연습해 보면 좋겠습니다.

Q. 아이가 화가 났을 때 다른 사람들이 알아채는 편인가요?

Q 주변에 자신의 의견을 말할 때 눈치를 보는 편인가요?

❀ 자신의 의견은 너무 강하게 말해도, 약하게 말해도 안 됩니다. 적절하게 표현하는 것이 중요하지요. 3학년이 되어서는 다른 사람들이 나를 어떻게 생각할지에 대한 타인의 시선들이 신경 쓰이기 시작합니다. 다른 친구들에게 이상하게 보이고 싶지 않다거나 괜히 문제를 일으키는 것 같다는 생각에 소극적인 친구들은 자신의 이야기를 더 안하게 되는 계기가 되기도 합니다. 반대로 너무 다른 사람들의 생각을 신경 쓰지 않아도 문제가 생길 수 있겠지요. 아이가 자신의 의견을 이야기할 때 주변의 상황도 함께 적절하게 살피며 이야기하는지 관찰해 보면 좋겠습니다.

Q. 요즘 아이는 어떤 감정을 느끼고 있는 것 같나요?

✿ 아이와 감정에 대해 이야기를 나누어 보세요. 함께 무언가를 하고 나서 기분은 어떤지, 오늘 학교생활은 어땠는지 등 감정을 나눌수록 아이들은 자신의 마음을 풍부하게 느낄 수 있게 됩니다.

Q. 아이는 기분이 안 좋을 때 무엇을 하면 나아지나요?

Q. 아이가 요즘 스스로 잘한다고 생각하는 것은 무엇인가요?

✿ 아이의 자신감과 동시에 자신에 대해서 어떤 생각을 가지고 있는지에 대해 살펴볼 수 있는 질문입니다.

Q. 어떤 친구와 있을 때 마음이 편안하고 즐겁다고 느끼나요?

 **4학년**

이런 것들을 살펴보아요!

　4학년이 되어 아이들은 이제 원인과 결과를 인식하는 것을 넘어서서 옳고 그름에 대해 판단하려고 합니다. 자신의 취향과 세계관이 조금씩 형성되고, 그러다 보니 자신의 의견을 표현하는 목소리가 커지게 됩니다. 그에 따라 도덕성이 생기고, 세상이 움직이는 규칙, 사람들과 집단에 대한 생각들이 만들어지기도 합니다. 또한 책임감과 성취감을 느끼며 자신의 목표나 해야 할 일들을 탐색합니다. 그래서 자신이 잘하는 것을 더욱 갈고닦고 싶어 하기 때문에 장기적인 목표나 꿈에 대해 탐색하기 좋은 시기입니다. 4학년 때는 감정 표현을 넘어서 자신의 생각을 말하는 자기주장과 성취감, 올바른 도덕성을 가지는 것이 중요합니다. 이 시기에 주의해야 할 점은 아이의 세상이 더 넓어지도록 도와주는 것입니다. 아이들이 자신만의 생각을 가지기 시작하지만 그것으로 인해 시야가 좁아질 수 있습니다. 내가 아는 것이 전부가 아니라는 것을 알려 주고 흥미가 없어 보이는 것도 시도하고 도전해 볼 수 있도록, 아이의 세상이 더 넓어지도록 도와줄 수 있다면 좋겠다고 생각합니다.

이런 것들을 질문해 보아요!

Q. 아이가 성취감을 느낄 수 있는 공간, 장소, 분야는 어떤 것이 있나요?

🌸 아이들마다 빛날 수 있는 조건은 다릅니다. 우리 아이가 가장 빛나는 공간, 장소, 분야는 어디일지 생각해 보세요.

Q. 아이가 중요하거나 소중하게 생각하는 일은 무엇인가요? 왜 그것을 중요하거나 소중하게 생각하나요?

🌸 꿈이 있는 친구들이나 뚜렷하게 하고 싶은 게 아직 없는 친구들에게도 활용이 가능한 질문입니다.

Q. 아이와 함께 뉴스를 볼 때 세상에 대해 어떤 의견을 표현하나요?

🌸 아이의 말 속에서 정의, 공정함, 선에 대해 기준을 찾아보세요. 만약에 아이가 올바르지 못한 도덕적 관념을 가지고 있다면 혼내거나 다그치지 말고 이야기를 통해 바르게 생각할 수 있도록 이끌어 주어야 합니다.

Q. 아이와 친하게 지내는 아이들은 어떤 아이들인가요?

❀ 또래의 힘이 강해지는 시기입니다. 아이들끼리 비밀도 많이 생기지요. '우리'라는 소속감이 강하다 보니 주변 친구들의 행동에 대한 모방이 많이 나타납니다. 아이가 주로 어떤 아이들과 시간을 보내고, 어떤 아이들과 시간 보내는 것을 좋아하는지 살펴보세요.

Q. 우리 아이는 어떤 취향을 가지고 있나요?

❀ 아이들의 내면의 목소리가 커지기 시작하는 시기입니다. 아이들의 호불호가 일관되게 형성되기 시작하니 이에 주목해 보세요.

Q. 아이가 자주 읽는 책은 어떤 종류의 책인가요? (좋아하는 만화나 영화는?)

Q. 아이는 주변 사람들이 틀렸다고 느낄 때 어떻게 행동하나요?

❀ 자신과 의견이 다른 사람들에 대해 어떻게 반응하는지 알아볼 수 있는 질문입니다. 같은 반 친구들, 동생들, 선생님이나 부모님 등 대상에 따라 아이의 반응이 다를 수 있어 대상을 나누고 자세히 물어봐도 좋습니다.

Q. 아이는 어떨 때 자신을 뿌듯해하나요? 스스로를 자랑스럽게 여길 때는 언제인가요?

 **5학년**

이런 것들을 살펴보아요!

　5학년은 사춘기가 시작되는 아이들이 많아 신체뿐만 아니라 마음에도 많은 변화가 찾아오는 시기입니다. 주변의 시선을 더 의식하게 되고 서로를 비교하기도 합니다. 타인과의 비교를 통한 자기 평가가 이루어지는 경우가 많아 자존감이 낮아지기도 하지요. 타인의 평가에 예민해지므로 긴장감을 느끼는 시간이 늘어나 쉽게 피곤해하거나 짜증도 많아집니다. 이 시기에는 아이가 자신의 긍정적인 면뿐만 아니라 부족한 점도 함께 받아들이고, 있는 그대로의 자신을 건강하게 사랑할 수 있도록 도와주는 것이 필요합니다. 특히 SNS나 인터넷에 많은 시간을 보내는 경우, 아직 자아 중심이 제대로 잡히지 않은 아이들에게는 더 민감하게 영향을 줄 수 있고 정신건강에 부정적인 영향을 줄 수도 있습니다. 예를 들어 아이들이 무분별하게 인터넷 이야기에 휩쓸리며 극단적인 사고방식을 갖게 되거나, 왜곡된 미의 기준을 받아들여 건강하지 못한 식습관을 가지지 않도록 도와주어야 합니다. 무엇보다 있는 그대로의 자신을 받아들이고 사랑하고 믿을 수 있도록 가정에서의 역할이 중요합니다. 사춘기가 찾아오면 부모와 아이 사이의 거리가 급격히 멀어질 수도 있는데 이는 자신만의 공간을 확보하고 싶은 아이들의 마음입니다. 독립성을 원하는 아이의 마음을 존중하여 이전보다는 덜 친밀하지만 대신 더 단단한, 여전히 신뢰할 수 있는 새로운 관계의 형태를 만드는 것이 중요합니다. 사춘기가 찾아온 아이들과 함께 취미생활을 하며 함께 시간을 공유하는 것도 좋은 방법입니다.

Q. 아이는 다른 친구들과 자신을 자주 비교하는 듯한 말을 하나요? 비교한다면 어떤 부분을 많이 비교하나요?

Q. 아이는 주변의 친구들이 자신을 어떻게 생각한다고 느끼고 있나요? 그 생각이 아이에게 어떤 기분이 들게 하나요?

❀ 대인관계에 대한 자신감과 자신에 대한 믿음을 살펴볼 수 있는 질문으로 타인의 시선을 어떻게 인식하고 있는지, 자신에 대해서는 어떤 생각들을 가지고 있는지 간접적으로 알 수 있습니다. 위의 질문과 함께 사용하면 더 유용할 수 있습니다.

Q. 아이는 자신을 어떻게 평가하고 있나요? (자신을 어떤 사람이라고 생각하나요?)

Q. 아이가 자랑스러워하는 자신만의 강점 또는 장점이 있나요?

Q. 요즘 아이를 자주 화나게 하거나 짜증 나게 하는 상황이 있나요?

Q. 아이가 부러워하거나 닮고 싶어 하는 인물이 있나요? 그 인물은 어떤 특징이 있나요?

Q. 아이가 전하지는 못했지만 부모님에게 알리거나 말하고 싶은 것들이 있을까요?

🍀 아이와 거리감이 생기며 이전보다 소통이 줄어들 수도 있습니다. 또한 비밀이 늘어날 수도 있지요. 억지로 묻는 것은 하지 않는 것이 좋지만 여전히 너의 이야기에 관심 있는 사람들이 여기에 있으며 언제든지 이야기를 나눌 준비가 되어 있다는 것을 알려 주는 것만으로도 아이들은 많은 안정감을 느낄 수 있습니다.

Q. 아이가 힘들거나 속상할 때 말할 수 있는 공간이 있나요?

Q. 아이가 자주 보는 영상이나 콘텐츠는 무엇인가요?

❀ 어떤 환경에 노출되어 있는지, 어디에 관심 있고 흥미를 느끼는지를 알 수 있습니다. 아이에게 물어봐도 대답해 주지 않는다면 같이 영상을 보는 것도 좋습니다. 아이가 관심을 가지는 모든 영상을 함께 볼 수는 없지만, 재미있는 영상을 발견하면 공유를 요청하거나 가끔 함께 보는 것 정도는 아이들도 크게 불편해하지 않을 것입니다.

 **6학년**

이런 것들을 살펴보아요!

　6학년이 된 아이들은 곧 중학생이 된다는 생각으로 설레기도 하고 남은 시간을 아쉬워하기도 합니다. 어떤 아이에게는 새로운 학교에 가서 새로운 친구들을 만난다는 것이 기대되는 기회가 되기도 하고, 어떤 아이들에게는 불안과 긴장을 불러일으키는 일이 되기도 합니다. 처음 사춘기를 겪을 때 짜증이 많아진 스스로에게 당황스러웠던 아이들이 이제는 어느 정도 적응을 하고 좀 더 부드럽게 감정을 다룰 수 있게 됩니다. 그간의 고민을 통해 자신에 대한 이해도 깊어졌고 미래에 대한 탐색도 구체화되었지요. 초등학생 때의 경험은 아이들이 앞으로 만들어 갈 미래의 초석이 됩니다. 6학년이 된 아이들은 자율성을 획득하기 위해 노력해야 합니다. 자신이 어떤 사람인지 탐색하고 집단에 어떤 기여를 하며 살아가고 싶은지 생각해야 합니다. 그러한 방향성을 누군가가 정해주는 것이 아니라 스스로 생각하고 알아보려 노력하는 것에서 자율성은 길러집니다. 자기 행동을 계획하고, 추진하고, 나아가 그 결과에 책임지는 것이 6학년 학생들이 중요하게 배워야 하는 것입니다.

이런 것들을 질문해 보아요!

Q. 아이가 원하는 삶은 어떤 삶일까요?

✿ 아이가 앞으로 어떤 어른으로 성장하고 싶은지, 어떤 것들을 하고 싶은지에 대한 관심을 가져 보세요. 아이의 성장을 함께 느끼며 부모로서 무엇보다 큰 기쁨이 될 것입니다.

- -

- -

Q. 우리 아이가 다른 아이들과 다른 점은 어떤 것이 있을까요?

- -

- -

Q. 앞으로 아이의 미래에 공부가 중요할까요? 중요하다면 어느 정도로 중요하다고 생각하나요?

✿ 중고등학생이 되면 자연스럽게 공부에 많은 초점이 맞추어지게 됩니다. 학생으로서 학업에 집중하고 노력하는 것은 좋지만 양육자는 그보다 더 깊이 공부가 우리 아이에게 어떤 것들을 가져다줄 수 있을지 미래에 대해 생각해 보는 것이 필요합니다. 만약 공부가 아닌 다른 길들이 미래의 행복값을 더 높여줄 수 있을 것으로 판단된다면 공부와 함께 다른 길을 살펴보는 것도 좋습니다. 또한 아이에게도 미래에 대한 자율성을 주고 선택의 기회를 주는 것이 좋습니다. 자율성을 가지고 공부를 하기로 선택한다면 이전보다 더 강한 동기를 가지고 학업에 임할 수 있습니다.

- -

- -

Q. 중학교에 진학하는 것에 대해 아이는 어떻게 느끼고 있나요? 기대되거나 불안한 것이 있다면 무엇이 있나요?

Q. 아이는 중학교에서 어떻게 지내고 싶어 할까요?

❀ 단순히 기대감이나 불안감으로 끝나지 않고 그래서 어떻게 지내고 싶은지까지 이어서 생각할 수 있으면 중학교 생활에 대한 더욱 구체적인 그림을 그려 볼 수 있습니다. 기대감은 더욱 높이고 불안감은 낮출 수 있는 생활 방법을 같이 고민해 주세요.

Q. 초등학교 시절 아이가 가장 잘했다고 생각하는 일과 아쉬워하는 일은 무엇일까요?

Q. 중학교에 입학한 후 친구들이나 주변 사람들이 자신을 어떤 사람으로 평가해 주길 원하나요?

✿ 중학교는 새로운 이미지를 만들 수 있는 기회가 되기도 합니다. 위의 질문들과 함께 아이가 중학교에서 어떤 행동들을 더 많이 하고, 어떤 행동들은 바꾸거나 줄여 나가야 할지 힌트를 얻을 수 있습니다.